Georg Hopfer

Wenn ich auch nicht bei Dir sein kann

Hinweis!

Alle Namen in diesem Buch wurden sowohl aus datenschutzrechtlichen, als auch aus Pietätsgründen geändert, da sie keinerlei Relevanz besitzen und den Inhalt dieses Buches nicht maßgeblich beeinflussen! Dieses Buch ist somit nicht zur Ahnenforschung geeignet, berechtigte Anfragen beantwortet der Herausgeber aber sehr gerne!

Namensähnlichkeiten oder -übereinstimmungen sind daher rein zufällig. Dieses Buch soll der zeitgeschichtlichen Aufklärung dienen, nicht aber das Ansehen noch lebender oder bereits verstorbener Personen schädigen! Die folgenden Texte wurden aber soweit wie möglich im Original belassen, ebenso die Feldpostnummern und Adressen, um die Authentizität im Ganzen zu wahren!

Erstausgabe, alle Rechte vorbehalten!
Gestaltung und Transkription: Stefan Heikens
Herstellung und Verlag: BoD - Books on Demand, Norderstedt
© 2017
ISBN: 9783741265662

Inhaltsangabe

Feldpost-Nummer: 28598
Seite 7

Lazarett
Seite 43

Feldpost-Nummer: 18688
Seite 61

Feldpost-Nummer: 06749
Seite 95

Feldpost-Nummer: 18688
Seite 121

Lieber Leser,

meiner Meinung nach gibt es eigentlich nur zwei Möglichkeiten Feldpostbriefe zu lesen. Die erste ist aus einem militärischen Blickwinkel heraus, so kann man sehr gut Truppenbewegungen, Angriffe, Rückzüge und auch die Langeweile zwischen den Kampfhandlungen beobachten. Man erhält dadurch mit der Zeit viel militärisches Wissen, kann alles auf Landkarten nachverfolgen und findet manchmal sogar den ein oder anderen bekannten Namen. Aber es gibt auch die emotionale Art Feldpostbriefe zu interpretieren. Diese Art mag auf den ersten Blick zwar nicht sonderlich interessant für Militärhistoriker, etc., sein, für mich war es aber schon immer genau so interessant was ein Soldat nach Hause schrieb wie das, was er eben nicht schrieb.

Georg Hopfer war einer dieser Soldaten, die in ihren Zeilen kaum ein Wort über den Krieg selbst oder ihre eigene Beteiligung daran verloren. Er füllte die Zeilen lieber mit Liebesschwüren, um so seine Angebetete Emma für sich gewinnen zu können. In einer Zeit, in der junge Paare oft nur wenige Tage oder Wochen miteinander hatten, bevor der Krieg sie unbarmherzig auseinander riss, gab es viele solcher Beziehungen. Nach den ersten persönlichen Treffen ergaben sich so oft „Beziehungen", die über Jahre hinweg fast ausschließlich schriftlich geführt wurden. Dies wurde von der Militärführung nicht nur gebilligt, sondern sogar gefördert, denn es hob die Moral der Soldaten um ein Vielfaches, wenn zu Hause ein Mädchen auf sie wartete, in das sie all ihre Hoffnungen und Träume setzen konnten. Das ging mitunter so weit, dass in den höheren Mädchenschulen die Schülerinnen im Unterricht dazu angehalten wurden, einem unbekannten Frontsoldaten zu schreiben. Oft hatte ein Mädel sogar mehrere „Brieffreunde", die aber nichts voneinander wussten, oder aber versuchten, das Mädel für sich allein zu gewinnen.

Georg und seine Emma lernten sich jedoch noch zu Hause kennen, kurz bevor Georg eingezogen wurde. Obwohl man heutzutage anhand seiner Feldpostnummern nachweisen kann, dass er an einigen wichtigen Schlachten teilgenommen haben muss, schrieb er seiner Emma damals kaum etwas davon. Alles war angeblich ruhig, fand weit weg von ihm statt oder war nur halb so schlimm. Egal ob er Fotos aus einem jüdischen Getto nach Hause schickte, oder aber vom Kuban-Brückenkopf aus schrieb, es ging immer nur um seine Liebe zu Emma. Eine Liebe, die erzwungen wirkt, und die er in fast allen Briefen beschwor, um sie auch wirklich wahr werden zu lassen.

Wenn man die folgenden Briefe unter diesem Aspekt liest, dem Druck eine Braut für später finden zu müssen und sie auch über Jahre hinweg halten zu können, nur um einen Grund zur Hoffnung zu haben, dann werfen sie ein durchaus spannendes Licht auf diese Zeit. Die Überheblichkeit der damaligen Jugend, gefördert von den Machthabern, die Angst und Unsicherheit desjenigen, der weit weg in der Fremde ist, all das macht diese Briefe meiner Meinung nach so interessant. Denn den Soldaten ging es in ihrem täglichen (Über-)leben nicht etwa um Truppenbewegungen oder politische Entscheidungen, es ging ihnen um die Zeit nach dem Krieg und darum, „ihr" Mädel zu halten.

Behalten Sie, lieber Leser, dies bitte im Hinterkopf, wenn Sie die Geschichte von Georg und Emma lesen, denn dann werden Sie ganz bestimmt genau so fasziniert von Georgs Zeilen sein wie ich.

Stefan Heikens

den 31.5.40.

Liebe Emma!

Habe Deinen Brief mit Freuden erhalten, besten Dank dafür. Das ist nun Wahrheit geworden, was Du geschrieben hast, wir sind nämlich nicht mehr am alten Platz. Nun heißt es von der Heimat fern geschieden. Die schönste Zeit ist zu Ende. Das macht aber nichts, die Hauptsache ist, daß wir alle noch beisammen sind.

Liebe Emma, sei nur froh, daß Du nicht hier Deine Heimat hast, es ist nämlich ein trauriger Anblick, wenn man so sieht wie die Menschen Ihr Hab und Gut verlassen müssen, und ins Landesinnere flüchten.

Neues gibt es weiter nicht, ich habe zum Andenken Dir ein Bildchen beigelegt, vielleicht kannst Du mir von Dir auch eines schicken, was mich sehr freuen würde.

In der Hoffnung, daß Dich dieses Brieflein gesund und munter erreicht grüßt Dich

Georg

Auf Wiedersehen! Schreibe bald wieder!

Osten, den 30.12.40.

Liebe Emma!

Will Dir nun Antwort geben auf Deinen Brief, welchen ich am 28. erhalten habe, besten Dank dafür. Wie ich daraus sehe bist Du nicht mehr zu Hause. Wie geht es Dir? Bist Du gesund und munter? Ist Dein Bruder Karl bei Dir zu Hause, weil Du fort konntest? Ja und nun zur Antwort. Ich hab schon viel Post bekommen in den sechzehn Monaten seit ich fort bin, aber noch nie einen solchen Brief welcher mir so viel zum Nachdenken und

Überlegen gab wie dieser. Ja, wenn ich abends in meiner Falle liege, kann ich stundenlang nicht einschlafen, gestern war ich um 12 Uhr noch wach.

Soviel ich weiß hab ich im September Dir meinen letzten Brief geschrieben, wartete immer auf Antwort, aber es kam nichts. Woche um Woche verging, und es war immer noch beim Alten. Nun kam auch noch der Urlaub! Nun, was tun? Ich sagte mir, die Emma will nichts mehr von Dir wissen, sonst hätte ich doch Antwort bekommen. Der eigentliche Grund war nämlich meine letzte Verabredung mit Dir. Zuerst kam Deine Schwester, und sagte mir einen schönen Gruß von Dir, und ich soll in einem Jahr wiederkommen. Weiter äußerte sie, meine Emma will einmal alleine bleiben. Wie wir so miteinander redeten kamst Du herein, und brachtest die Hühner in den Stall, wo Du mich fragtest ob ich mir das zu Herzen genommen hatte was Deine Schwester sagte. Emma, das traf mich so tief ins Herz, daß ich mir vorgenommen habe nie und nimmer so einen Gang zu machen. Wie es mir Sonntag darauf ging hab ich Dir ja geschrieben. Nur an Deinem letzten Brief habe ich mich immer aufgehalten, welcher doch ganz anders lautete. Hier stimmt etwas nicht, hier muß etwas dazwischen stehen, sagte ich mir immer wieder!

Ja, und noch etwas spielte mit. Bühler hat doch durch Deine Schwester erfahren, daß wir einander schreiben, ich dachte aber nichts dabei, denn wir waren immer gute Freunde. Leider kam es bald anders! Er war nämlich ein falscher Freund zu mir, wie ich von Hans Heinke erfahren habe, was ich Hans auch glaube. Er sagte nämlich zu Hans, daß zwischen uns beiden nie etwas daraus werde, ich sei schließlich Dir viel zu wenig. Das war natürlich sehr schwer für mich, wenn man so etwas von einem Freund hören muß. Bühler war immer freundlich ins Gesicht, aber sonst das Gegenteil!

Ich glaube auch, daß er Deiner Schwester manches vorgelogen hat, und Du hast es ihr geglaubt. Emma, Du darfst es mir glauben, es war ein innerlicher Kampf welcher manche schlaflose Stunde kostete, trotzdem ließ ich nichts merken. Das geschah alles im Westen. In meinem Urlaub darauf besuchte ich Dich trotz alledem, wo ich aber leider nicht viel Glück hatte.

Ja Emma, so ging es mir, ich glaube, daß Dir manches neu ist, leider konnte ich Dir nie etwas davon sagen, denn die Zeit war immer zu kurz. Ich habe es Dir immer geglaubt, daß Du viel Arbeit hast, denn in einem solchen Haus gibt es viel Arbeit, überhaupt wenn die Mutter krank ist. Du wirst nun verstehen daß es so kam, und meine Geduld zu Ende ging obwohl ich immer große Geduld habe. Weißt, als Soldat muß man das haben, und zwar oft nicht wenig!

In Deinem Brief schreibst Du, daß Du erfahren hast ich habe nun ein anderes Mädel. Emma, weißt Du das gewiß? Wenn das der Fall wäre hättest Du mir bestimmt nicht mehr geschrieben. Ich hab Dir doch mal persönlich mein Quartier in Sielmingen geschildert. Ich konnte einfach keinen Familienanschluß finden, meinem Schlafkameraden ging es genauso. Jeder fand ein Haus wo er am Abend hin konnte, und ich muß sagen, ich habe prima Menschen kennen gelernt. Sie taten mir alles flicken und waschen, aus Dankbarkeit nahm ich ihnen natürlich manche schwere Arbeit ab, denn der Mann war auch fort. Bühler war auch immer, oder fast immer, dabei, und wenn er nur noch abends kam. Im Frühjahr habe ich ihnen die ganze Saat bestellt. Emma, warum soll ich denen nicht dankbar sein? So kam nun der 15. Mai, wo wir Abschied nahmen, alt und jung weinten. Ich versprach ihnen noch sie mal zu besuchen, und das geschah an der Kirchweih. Als ich ging sagten sie zu mir, ich soll sie doch mal wieder besuchen wenn ich Zeit habe und mein Mädel mitbringen, sie wußten nämlich etwas von uns beiden. Zur Zeit ist ein Mädel von ihnen im R.A.D.[1], wir schreiben immer aneinander aus Freundschaft und Kameradschaft vom letzten Jahr. Ich bekomme auch immer noch von Sielmingen Post, und zum Geburtstag und zu Weihnachten erhielt ich ein Päckchen. Zwischen uns besteht reine Kameradschaft und Freundschaft, welche nicht so schnell wieder zu Ende geht. Ehrlich gesagt, solch gute Menschen hab ich noch nicht viele in meinem Leben getroffen.

Ich hoffe nun, daß Du diesen Brief gesund und munter in Empfang nimmst, und mich nun endlich richtig verstehst! Ich bin nicht derjenige, wo ein Mädel so schnell vergißt wie Du meinst.

Wünsche Dir nun nachträglich gute und gesegnete Feiertage in der Ferne! Wenn Du mir zu diesem Brief etwas zu sagen hast, so schreibe es mir bitte. Bin seit dem elften diesen Monats in einem Lazarett, auf Kommando. Meine Feldpostnummer 28598 habe ich immer noch. Viele Grüße sendet Dir

Georg Hopfer

Wenn Du natürlich Bühler mehr glaubst kann ich Dir auch nicht helfen.

---

[1] R.A.D. = **Reichsarbeitsdienst**

Auf Wache am 27.1.41.

Liebe Emma!

Habe soeben Deinen rührenden Brief erhalten, besten Dank dafür. Wie ich daraus sehe bist Du immer gesund und munter, was bei mir auch der Fall ist. Wie lange willst Du denn in der Fremde bleiben? Wenn ja Deinem Bruder Karl alles eingeschrieben ist dann geht es ja schon. Aber zu Hause ist es doch immer am schönsten, mir geht es nämlich genau so. Weißt, bei mir sind es schon 19 Monate, daß ich Soldat bin, das heißt 17 Monate im Krieg.

Das schönste von allem ist der Urlaub. Da weiß man erst was Heimat heißt, und bei der Begrüßung kommen beinahe vor Freude Tränen. Von Kameraden wirst eingeladen, man besucht Verwandte, überall sieht man glückliche aber ernste Gesichter, denn der Urlaub geht immer schnell zu Ende, und das peinliche Gehen steht wieder vor der Tür. Das wäre alles recht, wenn man wüßte wie lange es noch dauert.

Du fragst mich, ob ich seit im Herbst auch schon zu Hause gewesen sei! Nein Emma, vor März wird es jedenfalls nichts mehr, und wer weiß wo wir bis dahin sind. Ich hab so das Gefühl, daß dieses Mal es länger ansteht. Du würdest gerne wissen wo ich bin. Vom 11.12.-9.1.41 war ich in Warsch...[2], in einem Pf. Laz.[3] auf Kommando. Nun bin ich wieder bei meiner Einheit, das heißt nur bei Nacht, oder wie heute auf Wache, sonst bin ich hier in K. im Pf. Laz., mit einem Wort bin ich seit 11.12. Stalljodler, aber das geht auch vorbei. Du schreibst, Du würdest mir auch gerne mal ein Päckchen schicken. Oh Emma, mache Dir da nicht unnötig Ge-

---

[2] Warsch... = Warschau
[3] Pf.- Laz. = **Pf**erde-**La**zarett

danken. Ich habe was ich brauche, und wenn mir einmal was fehlt schicken mir es meine Eltern.

Du schreibst von Deiner Freundin Rosa, daß sie ein Mädchen habe. Es kann sein, daß ich sie kenne, aber bei Namen nicht, weißt so arg oft war ich nicht in Gerstetten. Ja, wenn der Krieg nicht gekommen wäre. Wie alt ist sie? Und was hat sie für einen Freund? Ja Emma, das ist schon recht, aber der Krieg sollte eben bald ausgehen. Wenn nun das bei uns beiden auch der Fall wäre müßt ich immer denken, hoffentlich kommst wieder nach Hause. Was wäre das für ein Elend für Dich wenn es anders ginge, was man ja nicht hofft, aber so bin ich eben, Emma. Es freut mich wenn ich ein Mädel habe, aber in diesem Fall hätte ich Sorgen. Du schreibst, Du dachtest immer das hat noch lange Zeit. Das Gleiche habe ich auch zu Dir gesagt, aber weißt, wenn man so in der Ferne ist sehnt man sich doch so heimlich danach, und denkt es wäre doch schön. Und warum mir die Geduld ausging habe ich Dir ja geschrieben. Nun habe ich noch eine kleine Frage an Dich, Emma, es ist ja fast eine Schande für mich, wenn ich das erst jetzt frage. Wann hast Du Geburtstag? Wirst Du dann 22? Schreibe mir es bitte!

Wie gefällt es Dir eigentlich auf Deinem Hof, wie viel Hektar zählt er denn? Hat man viel Kühe und Pferde, oder wird das Feld maschinell bebaut? Deinem Schreiben nach muß es nicht weit entfernt von den Feldern entfernt sein. Was ist so im Großen und Ganzen Deine Arbeit? Oh, wie gerne wäre ich im Frühjahr wieder zu Hause. Wenn man auch als Bauer viel arbeiten muß, aber trotzdem bin ich's gern. Wenn ich hier in Polen ansiedeln wollte wäre ich bis Frühjahr bestimmt nicht mehr Soldat. Aber lieber noch einige Zeit Soldat sein, und dann zu Hause den elterlichen Hof umtreiben.

Lege Dir einige Bilder bei, welche Dir die Häuser der Polenbauern zeigen. Es grüßt Dich herzlich

Georg

Sonntag, den 9.2.41.
Liebe Emma!

Möchte nun wieder mit Dir einige Worte reden. Bin immer gesund, was hoffentlich auch bei Dir der Fall ist. Heute ist es nun Sonntag, und ich habe Zeit Dir zu schreiben. Vielleicht hast Du auch Zeit für mich. Wie ich aus Deinen lieben Briefen sehe schreibst Du nun aus Liebe, und mit Liebe geht's am besten, ja der Liebe ist kein Weg zu weit. Es ist nur schade, daß ich dieses Jahr nicht in Sielmingen bin, da könnte ich Dich jeden Monat ein- oder zweimal besuchen. Ja schon am Samstagmittag könnte ich abhauen, bis Montag früh, aber leider ist es nun eben so. Du schreibst, ich soll mir den Kopf nicht schwer machen, es werde schon alles mal recht werden. Ja Emma, mein Kopf war mir sehr schwer bis auf diesen Tag, wo ich Deinen lieben Brief erhalten habe. Da auf einmal, wie vom Blitz getroffen, war mein Herz leicht, freudig, fröhlich, und innerlich glücklich. Emma, ich habe so das Gefühl, daß Du auch viel durchgemacht hast, nur hast jedenfalls das Herz nicht zu schreiben.

Nun noch eine Frage an Dich: Du hast ja meinen Brief gut beantwortet, aber das was mich sehr interessiert, von dem hast Du nichts geschrieben, nämlich von meinen Vermutungen vom Bühler. Schreibe es mir bitte, beleidigst mich bestimmt nicht. Halte Dich eben an das Sprichwort „Wem nicht durch Liebe Leid geschah, der hat auch noch nie geliebt". Hast Du nun wirklich eine rechte Liebe zu mir, und bist gewillt Freud und Leid in unserem Leben zu teilen? Es ist viel was ich Dich frage, aber in diesem Augenblick wo Du mir diese Frage beantwortest bist Du mein und ich bin Dein, niemand kann uns dann mehr auf dieser Welt scheiden, nur der Tod. Ich glaube, daß die Frage nicht mehr zu früh an Dich tritt, es ist nun anders wie vor einem Jahr. Du weißt ja selber wie es heißt: „Gebrannte Kinder fürchten das Feuer".

Es grüßt Dich herzlich,

Georg Hopfer

Gib mir bitte bald Antwort.

Sonntag, den 16.2.41.

Liebe Emma!

Möchte nun Dir mal wieder einige Zeilen senden. Bin immer gesund und munter, was hoffentlich bei Dir auch der Fall ist. Letzte Woche hatten wir Tauwetter, wo es zu Hochwasser kam. Wir mussten uns eine Hocheinfahrt verschaffen, welche durchs Fenster ging. Zum Zimmer Nr. 0[4] mußte Pendelverkehr eingeführt werden, gehen konnte man nicht, denn das Wasser lief einem oben in die Stiefel. Wir sagten immer, wenn's nur den ganzen Hasenstall mitnehmen würde. Das Bildchen zeigt Dir unsere Unterkunft. Es ist ganz nett, und ab und zu auch eine richtige Gaudi, oder eine Mäusejagd. Zur Zeit habe ich immer nachts oben, neben oder unter mir eine Maus, mit vier Füßen natürlich. Die Mäuschen mit zwei Beinen, wie Du, wären mir schon lieber. Ja, so oft

---

[4] Zimmer Nr. 0 = Toilette

ich ins Nest gehe, denke ich an Dich, denn meine Falle neben mir ist leer, und wie schön wäre es da wenn Du drin liegen würdest. Bei Tag könntest meine Socken stopfen und die Stiefel putzen und die Wäsche waschen. Abends gingen wir dann ins Kino oder am Radio, wo wir auch auf der Stube haben. Kommt immer Tanzmusik, dann könnte man mal wieder so richtig schweifen. Was meinst dazu, Emma? Das wäre doch pfundig.

Du wirst auch schon lang nicht mehr getanzt haben. Wie ich von meinen Eltern erfahren habe ist in Sontheim ein Schülerabend gewesen. Wo ich in die Winterschule ging hieß es immer ab nächstes Jahr, und nie wurde etwas daraus, und nun jetzt weil ich in Polen bin. Mir ist nun alles egal, einmal kommt auch der Tag wo wir glücklich miteinander tanzen! Was kann man denn jetzt machen, wenn's Kind keinen Ar... hat, auf den Bauch kann man es nicht schlagen! Nur abwarten und Tee trinken, heißt es beim Soldaten.

Ich weiß nun nicht, ist es Dir recht wenn ich so oft Dir schreibe, weißt ich hab eben mehr freie Zeit wie Du, und da schreibt man oft aus Langeweile und aus Liebe. Ich möchte eben die Zeit ausnutzen, so lang es noch geht. In zwei Monaten ist es anders, da werde ich nicht immer Zeit und Gelegenheit finden Dir zu schreiben. Weißt, einmal muß die Entscheidung kommen! Aber immer mit Humor, sei's im Osten oder Westen, mit Humor da geht's am besten!

Vielleicht erreicht auch mal wieder in nächster Zeit ein Brieflein von Dir meine Adresse, weißt Du, das macht mir immer die größte Freude! Nimm es nicht so schwer, Emma! Weißt, Glück und Glas, wie leicht bricht das! Ein Sprichwort sagt ja: Prüfe was sich ewig bindet. Ich glaube aber, daß bei uns beiden die Prüfung schon überstanden ist.

Also nichts für ungut. Und schreibe mir bitte auch bald mal wieder! Sei herzlich gegrüßt von

Georg

Lebe lustig, lebe heiter,
wie der Geißbock auf der Leiter.
Lebe lustig, lebe froh,
wie die Maus im Haferstroh!

Montag, 3. März 41.
Liebe Emma!

Weil ich gerade noch Zeit habe möchte ich Dir einige Zeilen senden. Gestern wollte ich schon schreiben, aber vor lauter Wunschkonzert kam ich nicht dazu und abends mußte ich mich fertig machen für heute auf Transport, welcher aber soeben abgeblasen wurde und erst morgen beginnt. Es ist ein Kohlentransportzug, wo ich zu bewachen habe, wohin und wie lange es dauert weiß ich nicht. So viel Du schreibst macht das Wunschkonzert Dir auch immer große Freude. Ich hab schon oft im Stillen nachgedacht, ob Du nun auch am Radio sitzt und es anhörst. Meinen Eltern macht es auch eine große Freude. Das ist die Brücke zwischen Front und Heimat. Dein Wahlspruch: „Prüfe was sich ewig bindet, ob sich das Herz zum Herzen findet" ist auch der meine. Wenn man es so richtig hinterdenkt, ist es der größte und entscheidenste Weg im Leben. Wie viele beachten das nicht. Wie ich Dir schon schrieb möchte ich Dich gern in meinem Urlaub besuchen wenn's geht. Was ist Deine Bahnstation, Leonberg oder Korntal? Schreibe es mir umgehend ob es Dir die Zeit erlaubt wenn die Frau fort ist, wenn's nur einige Stunden sind. Muß nun leider schließen, hab Dienst. Sei nun herzlich gegrüßt von Deinem

Georg

Sonntag, den 9.3.41.
Liebe Emma!

Möchte Dir nun mal wieder einige Zeilen senden. Bin gestern früh um ½ 8 Uhr wieder von meiner Dienstfahrt zur Einheit zurückgekommen. Ich fuhr von Oberschlesien über Breslau nach Frankfurt an der Oder, aber leider ging's dann wieder Polen zu. Nur die Ruhe, wir sehen uns bald wieder, das kann schon in acht oder vierzehn Tagen sein. Vielleicht bekomme ich vorher noch Antwort von Dir. Ein Urlaub ohne Dich, Emma, ist kein Urlaub bei mir. Dein Chef gibt Dir bestimmt einige Stunden frei, eine solche Gelegenheit kommt nicht so oft. Am liebsten würde ich an einem Freitag fahren, damit ich am Sonntag bei Dir wäre, bis jetzt fahren sie aber immer Samstags.

Mit meinem Bildchen mußt immer noch Geduld haben, es ist doch sonderbar, ich hab mich anscheinend auf einem Transport verkältet, und somit ein entzündetes Auge bekommen. Ich glaube aber, bis nächsten Sonntag geht es schon.

Emma, Du schreibst ob ich Lust habe zum Siedeln, wie es bei mir zu Hause steht hab ich Dir ja geschrieben. Wenn das nicht der Fall wäre, könnte es ganz gut sein als Bauer. Hier wäre es gar nicht so schlecht, alles eben da. Könnte man alles mit den Maschinen tun. So ein Hof mit einigen 100 Morgen würde mir Spaß machen. Aber es ist auch nicht alles Gold! Man würde eben für die Kinder arbeiten.

Nun muß ich schließen, denn das Wunschkonzert fängt bald an, und heute Abend um 18 Uhr geht's auf Wache. Sei nun innigst gegrüßt von Deinem treuen

Georg

Auf fröhliches Wiedersehen!
Wollen meine Grüße sagen,
bringen Antwort mir,
bis nach langen langen Tagen,
froh ich eil zu Dir!

Osten, den 11.4.41.

Meine liebe Emma!

Möchte Dir nun mal wieder einen kleinen Gruß senden. In dem letzten Brief, wo ich eigenhändig von Dir bekam, schreibst Du es freue Dich, daß ich für Dich so viel Zeit habe. Oh Emma, wenn ich nur meine Freizeit mit Dir teilen könnte.

Es ist nämlich so; gestern früh um 4 Uhr sind sechs Fahrzeuge und ca. 17 Mann auf mehrtägigen Transport Richtung Osten. Mein Fahrzeug kam erst von der Reparatur und muß erst reingefahren werden, deshalb blieb ich hier wo es mir bestimmt nicht schlecht geht. Mein Dienst ist halt alle drei Tage auf Wache, aber sonst haben wir nicht so viel Dienst über Ostern. Weißt an solchen Transporten habe ich genug, hab schon manche hinter mir, da ist jeder froh wenn er wieder bei der Truppe ist. Hans Heinke kam einen Tag nach mir vom Urlaub. Er war gleich ganz unzufrieden und sagte; ach, das ist doch keine Arbeit, nicht was wir hier tun, ich dachte wir müßten jeden Tag fahren. Jetzt kam ein Transport wo er natürlich auch mit mußte, daß paßt ihm nun wieder nicht. Das ist ihm zu lang. Emma, ich meine gerade seit er verlobt ist sei er ganz ungeduldig. Ich glaube aber seine Trudel wird ihn schon noch richten. Was mit dieser los ist weiß ich auch nicht, die soll um 15 oder 18 Pfund abgenommen haben, seit sie von Gerstetten fort ist. Jetzt ist sie ja wieder in Gerstetten, jedenfalls haben sie im nächsten Urlaub Hochzeit. Liebe Emma, wie geht es Dir immer, hoffentlich bist Du immer gesund und munter, was ich von mir auch schreiben kann. Heute bin ich nun ganz allein auf meiner Stube, mein anderer Kamerad hat Wache und die anderen sind auf Fahrt. Wie schön wäre es nun wenn Du bei mir wärst, weißt so ganz gemütlich zu zwein allein. Vor einigen Tagen dachte ich als ich in meine Falle ging; oh wenn nur meine Emma in meiner anderen liegen würde, welche immer noch auf einen Schlafkameraden wartet. Ich hatte dann einen schönen Traum, aber wo wir uns so richtig einander Arm in Arm küßten erwachte ich. Das war scheußlich. Ach Emma, ich wußte im Augenblick gar nicht mehr wo ich war. Ja, so kann es gehen. Ging's Dir auch schon so? Nun steht Ostern vor der Tür, wenn ich nur noch auf den Fildern[5] wäre, da könnten wir in Stuttgart manche schöne Stunde verbringen. Wenn Du nur meine Cousine kennen würdest, weißt die ist schon einige Jahre in Stuttgart im Dienst, die kennt sich gut aus, die würde Dir gerne die Schönheiten zeigen. Ich rate Dir nur, wenn frei hast geh nach Stuttgart, hier hast Kino, und vor allem geh mal ins Theater, ins große Haus, das mußt mal gesehen haben. Ich kann Dir nur sagen, das ist einzig. Sei nun recht lieb gegrüßt von Deinem

Georg

---

[5] Filder(ebene) = Hochebene in Baden-Württemberg

Vielleicht hast Du auch mal wieder Zeit für mich! Gute Nacht! Die Liebe hat kein Geheimnis! Nehme mir bitte nichts für übel! Mach es eben auch wieder quitt!

Osten, den 20.4.41.

Meine liebe Emma!

Habe Deinen lieben und offenherzigen Brief mit Freude erhalten, besten Dank dafür. So wie das Brieflein von Hilde. Du möchtest nun wissen wo ich über die Osterfeiertage war und getrieben habe; Am Karfreitag war ich den ganzen Tag zu Hause, meine Unterhaltung war das Radio, am Ostersonntag war ich auf Wache, die Feiertage gingen herum ohne daß ich fort kam, nicht einmal ins Kino. Wie ich Dir ja schon im letzten Brief geschrieben habe waren die anderen auf Fahrt und wir waren nur noch drei Gefreite hier als Wachhabende, und kamen somit alle drei Tage auf Wache. Ging nun einer davon noch als Melder nach Warschau, so kam man alle zwei Tage auf Wache. Am Donnerstag kamen sie nun wieder, aber am Freitag und Samstag ging es gleich wieder fort, ich war auch dabei. Zur Zeit gibt es viel Arbeit, was wir ja schon beinahe vorher wußten, einmal muß es losgehen. Da gibt es keinen Sonntag noch Feiertag mehr, ein Tag ist dem anderen gleich.

Nun aber zur anderen Seite Deines Briefes. Was Du da schreibst hat mich nicht gerade überrascht, denn ich hatte das Gefühl schon immer, einmal hast Du wieder Lust, das andere Mal ist es wieder das Gegenteil.

Emma, ich war immer zurückhaltend und habe Dir die Wahl gelassen, und im Herbst habe ich Dir doch geschrieben, wenn wir nochmals einander schreiben muß es anders werden. Das war Dir nun auch nicht recht, wenn ich Dir nicht mehr schreibe. Ich konnte es ja gut verstehen, daß die Antwort im Dezember für Dich viel Überwindung brauchte. Von dieser Stunde an glaubte ich, Du hättest es Dir jetzt richtig überlegt. Anscheinend hat Dich Deine Schwester nun durcheinander gebracht. Oh Emma, ich weiß nicht was ich dazu sagen soll. Du bist doch kein Kind mehr, und mußt doch nun selbst wissen was Du willst, was Dein Vater auch sagte. Emma, jeder Mensch muß ein Ziel vor Augen haben dem er nachstrebt, und wenn er immer nur auf andere horcht kommt er nicht weit, glaub es mir Emma. Pflück die Rosen, eh sie verblühen! Du möchtest nun gerne wissen was meine Eltern dazu sagen. Ja, Emma, was wollen die sagen, schon vor Jahren sagten sie zu mir das mußt Du selber wissen, und Dich kennen sie ja auch gut. Meine Mutter sagte mir eh ich wieder ging, sie habe mit Vater gesprochen und sie haben miteinander ausgemacht, daß sie mir bald nach dem Krieg den Hof mir übergeben. Mein Bruder muss auch bald Soldat sein und meine Schwester kommt dann auch aus der Schule, welche sie dann auch fort tun wollen. Dann ist nur noch mein Jakob da, mit dem kommt man schon aus. Weißt, mein Vater ist nun recht zusammen geschafft, und ich kann es auch verstehen wenn er noch eine schönere Zeit will und meine Mutter wird auch voll schnell alt, denn sie war vor vier Jahren schwer krank, seither kann sie nicht mehr der schweren Arbeit nachgehen wie vorher.

Emma, was ich nun Dir hier schrieb ist mir ernst, denn es ist alles wahr. Ich kann doch nicht dafür, daß meine Mutter in der kühlen Erde liegt, ja Emma, da gab es damals auch heiße und bittere Tränen. An Weihnachten 1936 abends nahm sie bei mir Abschied, sie wußte es schon, daß es das letzte Mal war in der Heimat. Ich bin kein Nesthegel, aber solche Minuten im Leben vergißt man nicht.

Emma, ich habe das Gefühl schon immer, daß die Liebe bei uns beiden gedrückt ist, sie ist kalt und nicht so wie sie eigentlich sein soll. Ich war im Urlaub noch sehr schüchtern als ich bei Dir war, ja nicht einmal gab ich Dir einen Kuß, das ist ja eine Schande, aber woher kommt das? Ich rate Dir nur Emma, sei nicht so schüchtern und laß das Glück nicht vorübergehen, so eine Gelegenheit kommt nicht alle Tage, und gerade jetzt wenn es unsere Eltern wissen ist es doch zweimal eine Schande. Ja, schreib mir ruhig was Dein Herz drückt, ich bin nicht beleidigt, und hoffe das Gleiche von Dir.

Wir wollen doch einander das Leben leichter und schöner machen. Die Liebe muß warm werden, ja eines muß für das andere sein Äußerstes geben, sonst ist und wird es nichts. Emma, für mich brauchst keine Angst haben, ich komme durchs Leben, nur keine Angst, es wird alles recht werden, frisch gewagt ist halb gewonnen. Nun faß Mut und es wird alles gut.

Mein Päckchen vom 10.4. wirst Du nun inzwischen auch erhalten haben, weißt, das wäre von mir ja nicht recht wenn ich Dir nichts geschickt hätte.

Wünsche Dir nun fernerhin alles Gute, von ganzem Herzen und hoffe, daß diesen Brief zu Herzen nimmst. Leider werden sie immer ernst, aber der nächste Brief muß mal lustig werden! Sei nun recht lieb von mir gegrüßt und geküßt von Deinem

Georg

Ich bitte Dich, schreibe mir doch öfters, und laß mich doch nicht immer so lang warten! Was man aus Liebe tut, geht noch einmal so gut!

Auf Wache am 27.4.41.

Meine liebe Emma!

Nun endlich kann ich Deinen Wunsch mit dem Bild erfüllen. Es hat ein wenig lang gedauert, aber weißt, bei uns kommt auch oft etwas in den Weg auf was man nicht gerechnet hat, beim Kommiss[6] ist man eben nicht sein eigener Herr wie zu Hause. Bei Dir wird es ja auch so sein, nur so ja gerade doch nicht. Ich glaube aber, daß dennoch das Bildchen Dich freut!

Wie geht es Dir immer? Hoffentlich gut, was ich von mir auch schreiben kann. Letzte Woche wurden wir geimpft, da gab es mal wieder Holz vor's Haus, wie bei einem 12-jährigen Mädel. Du hättest mich ja zehnmal noch in den Schatten gestellt, so arg war es nicht. Bei einem Mädel ist es schön, aber mir ist lieber wenn es anders ist, denn bei mir tut's weh. Nur die Ruhe, es wird schon wieder anders werden. Immer mit Geduld und Spucke, und das hab ich ja, das wirst Du schon gemerkt haben.

Liebe Emma, meine Kameraden schicken Hosengummi ihren Liebsten, im Falle dieselben den alten erneuern müssen. Die Liebe war scheinbar schuld daran am lahmen Gummi! Und zu Haus bekommt man doch schlecht so etwas. Wie steht es nun bei Dir? Ist er auch lahm von mir, kann es ja nicht sein, ich kam noch nicht soweit. Aber trotzdem kann der Gummi mal lahm werden. Wenn ich nun mal Gelegenheit habe werde ich Dir einen besorgen.

Heute ist es Sonntag, und ein Wetter wie an der Kirchweih, ich weiß nicht, wird's hier überhaupt nicht warm, oder was da los ist? Frühlingsgedanken kann man da noch nicht bekommen, egal, wenn man an so

---

[6] Kommiss = Militär

etwas kein Interesse hat dann bekommt man auch keine solchen Gedanken.

Bist nun schon in Stuttgart gewesen im Kino oder Theater? Ich kann Dir nur sagen, nutz die Gelegenheit aus. So ein Theater in Stuttgart ist was ganz anderes wie zu Hause, das mußt mal sehen. Ich weiß gewiß, es reut Dich nicht, mußt einfach den Entschluß fassen und nicht immer denken, soll ich oder soll ich nicht. Immer muß ich denken warum war es letztes Jahr nicht so, aber was kann man machen, wenn's Kind keinen Ar... hat, auf den Bauch kann man's nicht schlagen. Nun muß ich aber Schluß machen, denn mein Dienst erlaubt nicht weiter. Hoffentlich nimmst mir nichts für übel, „Gaudi" muß sein.

Sei nun recht lieb gegrüßt und gek..., von Deinem

Georg

Aus Liebe geht alles noch einmal so gut! Laß auch mal wieder etwas von Dir hören! Verzeih mir meine Schrift, es hat pressiert[7]!

Osten, den 4. Mai 41.
Meine liebe Emma!

Der Mai ist gekommen, die Bäume schlagen aus, da bleibe wer Lust hat mit Sorgen zu Haus! Bei uns stimmt das aber noch nicht, hier ist das Wetter sehr schlecht, gestern hat es geschneit wie im Winter. Hoffentlich ist's bei Euch besser, damit Ihr der Feldarbeit nachgehen könnt. Was war am 1. Mai bei Dir los? Hoffentlich bist nun in Stuttgart gewesen. Wir haben einen Ausflug von

---

[7] pressiert = die Zeit hat gedrängt

130 km gemacht, wo aber nicht viel los war. So um 23.30 Uhr kamen wir wieder zurück, dann ging's gleich wieder ab, aber dienstlich natürlich, egal, weißt ich bin auf Trab bei Tag und Nacht. Heute ist es nun auch wieder Sonntag, vielleicht denkt Dein Herz auch an mich! Hab nun gerade Zeit und möchte es nicht versäumen Dir mal wieder ein kleines Brieflein zu schreiben. Sitze im kalten Nachtlokal ganz allein, es stört mich kein Mensch und gerade deshalb möchte ich die Gelegenheit nicht versäumen. Wie geht es Dir? Hoffentlich bist immer gesund und munter was ich von mir auch schreiben kann. Ich habe etwas auf dem Herzen was ich endlich von Dir erfahren möchte und ich hoffe, daß Du auch nun die Entschlußkraft gegenüber mir hast. Was wir ja hier einander schreiben ist Geheimnis, das erfährt sonst niemand.

Liebe Emma, es freut Dich ja immer wenn Du von mir ein Brieflein bekommst. Bist Du aber wirklich in Deinem Herzen glücklich mit mir reden zu können? Mein Besuch machte Dir ebenfalls Freude, aber ich hatte das Gefühl innerlich glücklich warst nicht so recht. Es kann natürlich auch möglich sein, daß ich mich irre. Irren ist menschlich. Oder siehst in mir einen schlechten Kerl, der Dich nur für Narren halten will, mit dem Du das Leben nicht teilen willst?

Emma, ich kann Dir schon heute versichern wenn es mal soweit ist dann gehen wir miteinander durchs Leben, mag kommen was da wolle! Ich bin kein Wirtshausmann, und vor dem Krieg habe ich auch nicht geraucht, und werde es nach dem Krieg auch wieder aufstecken. Jetzt macht man's oft aus Hunger oder Langeweile, und die Rauchwaren werden gefasst, kaufen tue ich keine.

Oder hast zu mir vielleicht kein Vertrauen, denn zu dem Menschen wo das fehlt kann man auch keine Liebe haben. Unser Fehler ist ja, daß wir noch sehr wenig unsere Gedanken persönlich austauschen konnten.

Daran liegt unsere Schuld nicht, das weißt Du ja so gut wie ich. Ehrlich gesagt bin ich jedes Mal froh und glücklich wenn ich Post von Dir erhalte, geht es Dir auch so? Sei nur ehrlich und offenherzig was Du dazu meinst, und was Dein Herz bewegt. Jeder Mensch muß einen Kameraden haben dem er sein Herz anvertraut. So kann es nicht weitergehen, Emma, wir müssen uns näher kommen! Ich bitte Dich nun, gib mir auf diesen Brief bald Antwort und laß mich nicht immer so lange warten. Unser Führer hat erst vor einer Stunde gesagt, man kann nicht immer um Freundschaft bitten! Ich hab Dir nun Zeit genug gelassen und möchte nun endlich wissen, was Du dazu meinst. Schreibe mir es ruhig.

In der Hoffnung, daß Du meinen Wunsch bald erfüllst grüßt und k… Dich Dein

Georg

Sonntag, den 7. Mai 1941.
Meine liebe Emma!

Heute am Sonntag sollst Du auch ein Brieflein von mir haben. Wenn's auch nicht viel ist, aber es bringt Dir bestimmt große Freude, überhaupt in dieser jetzigen Zeit! Ja Liebste, vor einem Jahr fuhr ich bald in Urlaub, und nun bin ich hier und weiß nicht wann der langersehnte Tag kommt. Mit der Post ist es auch noch immer nichts, die Hauptsache ist ja, wenn Du von mir Post erhältst, was ich hoffe! Ich hoffe natürlich auch, daß Du immer gesund und munter bist, sowie die Deinen! Ich bin auch immer gesund und munter, was ja der größte

Reichtum ist! Sonst ist alles beim Alten, der Iwan[8] kommt fleißig auf Besuch. Vor vier Tagen schoßen unsere Jäger dreißig ab. Tags darauf griffen elf ein deutsches Geleit an. Ein feindlicher kam noch davon. Heute sind es bis jetzt ca. dreißig Abschüsse, aber weißt, so genau kann ich's nicht zählen. Ein Jäger wackelte dreimal über den Platz, also drei Abschüsse mit einem Einsatz. Daraus kannst Du also sehen, daß bei uns hier immer etwas los ist, aber man muß eben bei so Angriffen Dusel haben! Das Wetter ist etwas besser geworden, aber von See kommt immer noch ein kalter Wind. Sei nun recht herzlich und viele tausend Mal gegrüßt und geküßt aus alter Frische und Treue, von Deinem

Georg

Osten, den 12.5.41.

Meine liebe Emma!

Habe Deinen offenherzigen Brief mit großer Freude erhalten, wofür ich Dir herzlich danke. Ja Emma, Du hast nun das Richtige getroffen, wie es nur sein kann. Den Brief vom 27. hast Du mir nun schon am selben Tag beantwortet, also haben wir gleiche Gedanken gehabt. Du schreibst mir in dem Brief, Du könntest es mir nicht so schreiben wie Du es gerne möchtest, und was Dein Herz alles bewegt. Oh Emma, das kannst Du gut, es gehört nur Mut dazu, und dann drauf los wie man's gerade im Kopf hat, ich mach es nämlich auch so. In Deinem letzten Brief hast Du es prima gemacht. Nur nicht zagend, immer ran an den Feind, heißt es bei uns. Das Päckchen hat aber lange gebraucht bis es bei Dir

---

[8] Iwan = Umgangssprache für „Russe"

ankam. Aber Emma, das wäre doch nicht nötig, daß Du mir ein Päckchen schickst, aber ich verstehe Dich gut, aus Liebe geht alles, und es geschah auch aus Liebe. Meine liebe Emma, unsere Herzen haben nun zusammen gefunden. Es war ein langer Weg, ja wir mußten das Glück erkämpfen, daß ist oft viel besser als so eine Liebschaft mit dem ersten Blick, wie man so sagt. Oder wie viele haben ein Mädel zum Mensch, und sonst zu nichts. Viel Glück haben solche noch nicht gehabt. Lieber in der Jugend zurückhalten, dann kann man seiner Liebe später mit reinem Herzen in die Augen schauen, und das können wir, darüber kannst Du Dich verlassen. Seit Du mir nun die Treue versprochen hast bin ich so glücklich, ja so glücklich war ich in meinem ganzen Leben noch nicht. An das Lied muß ich oft denken, wo es heißt: Mir ist's wohl bei höchstem Schmerz, denn ich weiß ein treues Herz. Was gibt es denn Schöneres auf der Welt als einander treu bleiben, überhaupt wenn man so weit voneinander ist.

Ja Emma, ich denke noch oft am Abend so daran, wie schön wäre es, wenn man jetzt miteinander spazieren gehen könnte, wenn ich nur noch in Sielmingen wäre, wie voriges Jahr. Da wäre es günstig, aber wir können leider nichts daran machen, es muß auch so recht sein. Einmal geht auch dieser Krieg aus, nur wann, das wissen wir nicht. Immer mit Geduld und Spucke!

Wo ist nun Dein Bruder Otto? Immer noch in Ulm? Meinst nicht, ich soll ihm auch mal schreiben? Dann müßte ich aber seine Adresse von Dir bekommen. Was schreiben Deine Eltern über unsere Liebschaft? Ich lege Dir noch ein Bildchen von mir bei, dann kannst Du es ihnen ja schicken. Dein großes Bild werde ich auch in nächster Zeit meinen Eltern schicken, im Urlaub haben sie es schon gesehen, mit dem Wunsch, daß sie Dein

Bildchen und meines nebeneinander in mein Zimmer hängen.

Sei nun recht lieb gegrüßt und geküßt von Deinem

Georg

Pfingsttagmorgen, den 1.6.41.
Meine liebe Emma!

Das Wetter ist heute mehr als wie schön, da könnten wir mal so richtig miteinander an ein trautes unbelauschtes Plätzchen spazieren gehen. Wie schön wäre das, Emma! Nun bist Du allein, und ich auch, aber daran können wir nichts machen, in Gedanken bin ich alle Tage bei Dir, nicht nur heute am Sonntag. In dieser Zeit gingen vor dem Kriege viele viele miteinander spazieren, und nun hat der Krieg auch viele getrennt, aber nur die Ruhe, einmal kommt auch wieder der Tag wo wir nach Hause können, dann haben diejenigen wo immer zu Hause waren und haben meistens noch ein großes Maul gehabt, vor meinen Augen keinen Wert mehr, welche es in Sontheim noch gibt.

Meine liebe Emma, ich weiß ja, daß Du immer viel Arbeit hast von früh bis spät, und nicht so viel Zeit zum Schreiben wie ich, aber vielleicht erreicht mich auch bald ein liebes Brieflein von Dir wieder. Zur Zeit kommt die Post sehr unregelmäßig, schon zwei Tage überhaupt nichts, und dann kann auf einmal ein ganzer Haufen kommen. Ist es bei Dir auch so?

Dein Täschchen habe ich immer noch nicht weggeschickt, da will ich schon warten bis es wieder besser ist, denn wenn es Dich nicht erreichen würde wäre sehr schade, weißt so etwas bekommt man in Deutschland nicht mehr, es ist echt Leder. Mußt eben noch ein bißchen Geduld haben. Dein Bild habe ich wie gesagt nach Hause geschickt. Ich erhielt letzte Woche schon Antwort, wo sie schrieben, es habe sie sehr gefreut, sie können es nicht genug ansehen und sie wollen sobald wie möglich meinen Wunsch erfüllen. Emma, das kam vielleicht ein bißchen überraschend für Dich, sei nur nicht so zagend, wir sind ja keine Kinder mehr. Wenn man in dieses Alter kommt will man nicht mehr allein sein.

Möchte nun schließen mit der Hoffnung, daß Du die Feiertage glücklich verbringen mögest. Sei nun recht lieb gegrüßt und geküßt von Deinem

Georg

Emma, kennst Du diesen Pola…, oder? Auf Wiedersehen! Aus Treue! Aus Liebe!

Sonntag, den 15.6.41.

Meine liebe Emma!

Habe Deinen lieben Brief mit Freuden erhalten, besten Dank dafür. Ich wollte Dir bälder schreiben, kam aber nicht dazu. Wie ich aus Deinem Brief ersehe bist Du gefallen, hoffentlich wird es bald besser denn wenn man so in der Fremde ist, ist es halt nicht so wie zu Hause. Wie geht es nun mit dem Knie, hast immer noch Schmerzen? Ich bin soweit immer gesund, was ja die Hauptsache ist.

Meine liebe Emma, letzte Woche erhielt ich von meinen Eltern einen Brief in welchem sie mir schrieben, daß sie an Himmelfahrt bei Dir in Gerstetten waren. Von unserer Freundschaft sagten sie nichts, aber Deine Mutter erzählte alles der meinigen, sogar sei ich bei Dir über Nacht geblieben. Auch Dein Vater sei glücklich darüber und alle haben nach mir gefragt wie es mir ginge, und wo ich sei.

Wie Du ja weißt war ich in meinem letzten Urlaub in Gerstetten, ich traf auch Deine Freundin Martha, welche sich sehr freute, und somit habe ich gedacht nun will ich ihr doch auch mal ein Lebenszeichen von mir geben. Deiner Schwester hab ich auch schon geschrieben. Sie weiß aber nicht viel, sie möchte nur wissen ob und was Du mir schreibst. Auf diese Frage gab ich ihr keine Antwort, was wir uns einander schreiben geht niemand etwas an. Vor zehn Tagen schickte ich Dir ein Päckchen mit der Post weg, welches Du jedenfalls inzwischen erhalten hast, ich ließ es nämlich einschreiben, damit es bestimmt ans Ziel kommt. Muß nun schließen, denn ich bin sehr müde. Weißt zur Zeit geht's allerhand zu. Sei nun recht lieb gegrüßt von Deinem

Georg

Auf Wiedersehen! Vielleicht habe ich das nächste Mal mehr Zeit. Hoffentlich kannst es lesen.

Osten, den 24.6.41.

Meine liebe Emma!

Möchte Dir nun auch mal wieder einige Zeilen senden. Wie Du jedenfalls auch am Radio gehört hast ist es nun bei uns im Osten ganz lebendig geworden, auf was wir ja schon lange gerechnet haben. In meinem letzten Brief glaubte ich es sei der Letzte, aber ich habe heute noch Zeit für Dich. Weißt Emma, aus Liebe geht alles, und meine Liebe und Treue gehört nur Dir alleine. Du wirst es jedenfalls schon gemerkt haben, und es wird sich auch noch oft beweisen, Emma! Uns hat eben das Schicksal mal so getrennt, aber nur die Hoffnung nicht sinken lassen, es wird schon noch alles recht werden. Wir sind nicht allein, es geht noch vielen anderen genau so.

Liebe Emma, wie geht es Dir immer? Was machen denn Deine Hände, davon lässt Du gar nichts mehr hören. Mir geht es soweit immer gut, was ja die Hauptsache ist. Zur Zeit ist es schon richtig heiß, wie im Hochsommer. Im Arbeitsdienst tragen wir nur eine Sporthose und Schuhe, aber der Schweiß läuft nur einem so herab. Weißt, Reparaturen gehen bei uns nicht aus, jeden Tag gibt's was anderes.

Am Freitag und Samstag lag ich dauernd unter den Autos, da möchte man oft am liebsten davon laufen. Autos sind schon recht wenn sie laufen. Seit 1. Juni bin ich Motorradfahrer (Melder), aber mein Karren ist zur Zeit auch nicht fahrbereit, will sehen ob ich ihn morgen in Schwung bekomme. Es fehlt nicht viel, aber mich hätte es können das Leben kosten. Aber weißt Emma, ich bin auf Draht, darfst ruhig sein. In meiner Jugendzeit hing ich sehr am Auto und Motorrädern, aber jetzt geht so langsam meine Freude zurück. Jeden Tag muß ich sagen; wenn ich nur wieder zu Hause wäre bei meinem Rappen, an welchem ich eine große Freude habe und gefehlt hat ihm so gut wie noch nie etwas. Ein Tier ist halt keine Maschine, das weißt Du ja auch selber. Sobald es mir die Gelegenheit nach dem Kriege erlaubt werde ich mir um ein zweites Pferd schauen. Zwei sind doch besser wie eines, und mit der Zeit geht es allein auch nicht mehr. Für ein Pferd ist's eben viel Arbeit, manche haben sich darüber schon gewundert, vorher hab ich immer sechs und sieben Kühe eingespannt, und jetzt ist noch eine gewöhnt. Das ist ein Unterschied.

Letzte Woche erhielt ich von meinen Eltern Nachricht, daß Christian Junginger von Sontheim im Walde beim Langholzführen so schwer verunglückt sei, daß ihn abends der Schäfer bewußtlos auffand. Es kann scheinbar noch gehen wie es will bei ihm. Emma, Du kennst ihn doch auch, er hat eine Frau von Neuselhalden. Die versprochenen Bilder sind leider noch nicht fertig, hoffentlich dann das nächste Mal. Wirst nun inzwischen den Brief mit den Gummis erhalten haben, wirst ihn jedenfalls schon brauchen können.

Sei nun recht lieb gegrüßt und geküßt von Deinem

Georg

Im fernen Osten, den 30.6.41.
Meine liebe Emma!

Nun endlich kann ich ein Lebenszeichen von mir geben. Wir sind auf dem Vormarsch in einer ganz trostlosen Gegend. Die Straßen sind viel schlechter wie bei uns die

Feldwege, es kommt aber scheinbar immer schlimmer. Auch das Wetter ist ganz verschieden, und weder recht heiß oder recht kalt, daß einem bei Nacht friert wie im Winter. Die Schnakenplage ist auch sehr groß, ja man weiß sich fast nicht zu helfen!

Wie geht es Dir nun immer? Hoffentlich gut, was bei mir auch der Fall ist. Meine Zeit erlaubt nicht mehr weiter, denn ich muß noch waschen. Es gibt sonst auch nichts als immer weiter. Weit ist nun der Weg zurück ins Heimatland.

Sei nun recht herzlich gegrüßt und geküßt von Deinem

Georg

Lebe wohl! Auf Wiedersehen!

Den 7.7.41.

Meine liebe Emma!

Endlich erhalte ich Zeit Dir mal wieder einige Zeilen zu senden. Wie geht es Dir immer? Hoffentlich bist Du immer gesund und munter, was bei mir auch der Fall ist. Nun haben wir ein richtiges Zigeunerleben, heute hier und morgen dort. Emma, ich habe es ja immer gesagt, ich schreibe so lange ich Zeit habe, und nun ist es eben anders. Wir sind nun in zwei Teile aufgeteilt worden, und sind ca. hundert Kilometer voneinander. Ich selber weiß fast nicht wohin ich gehöre. Hab nämlich in den fünf Tagen wo wir hier sind erst einmal bei meinen Kameraden geschlafen. Weißt, ich hab dauernd Meldungen hin und her zu bringen. Bin zum Beispiel gestern Mittag hier weg, und kam heute früh wieder zurück. Liebe Emma, Du darfst es mir glauben, es ist nicht leicht hier sich auszukennen. In Polen konnte man wenigstens so ungefähr lesen, aber hier sind sogar die Buchstaben noch anders. Ohne Karte oder Skizze kann man überhaupt nicht fort. Und dann noch die schlechten Straßen dazu, mir tun alle Rippen weh. Bin nun in den letzten Tagen so ca. tausend Kilometer gefahren, da heißt es, die Augen auf, oder sonst geht's um den Kopf. Weißt, einen solchen Aufmarsch hab ich nicht erwartet. Ein Fahrzeug am andern, Tag und Nacht ununterbrochen, man hört sein eigenes Wort nicht mehr vor lauter Gerassel, Auto und Flieger in nur einer Staubwolke. Nun muß ich leider schließen, hab noch viel Arbeit!

Sei nun recht lieb gegrüßt und geküßt von Deinem

Georg

Lebe wohl, auf Wiedersehen!

Den 31.7.41.

Meine liebe Emma!

So, nun endlich erhalte ich Zeit Dir einige Zeilen zu senden. Habe Dein liebes Brieflein vom 10. samt Bild mit großer Freude erhalten, besten Dank dafür. Du wirst nun denken, jetzt schreibt er aber wenig, ja Emma, das kann sein, ich habe keine Zeit mehr. Wir sind nämlich vier Kraftfahrer, zwei davon hatten einen Unfall, und einer findet sich nicht zurecht hier in Rußland, somit bin ich nur alleine von meiner Einheit, und hab viel zu fahren. Es heißt jeden zweiten Tag muß ich zur Zeit fahren, als Melder auf Armeeoberkommando, es sind rund hin und zurück 200 Kilometer. Es geht fast durch lauter Wald, wo noch vor wenigen Tagen gekämpft wurde. Wie es da aussieht, kann man sich kein Bild machen, das muß man schon gesehen haben. Krieg ist was furchtbares! Mancher hat da schon sein Leben geopfert, und mancher wird es noch müssen. Auf die Wälder haben sie es besonders abgesehen, bist eben immer allein auf weiter Flur, aber Kopf hoch, nicht jede Kugel trifft. Man muß eben immer die Augen offen haben, damit man nicht zum Feind hinüberfährt. Ja ja, Du hast Recht, wir müssen durchhalten bis zum Endsieg.

Es freut mich, daß es Dir immer gut geht, was bei mir auch der Fall ist. Ich kann es ja glauben, wenn Du immer so allein bist, und immer das Gleiche hast, daß es da Dir nicht immer gefällt. Aber weißt, im Krieg ist zu Hause auch nicht viel los, es ist eben Krieg. Jeden Tag muß ich denken; jammern dürfen wir noch nicht, wir haben wenigstens noch eine Heimat. Dein Wunsch ist auch der meinige, aber ich will sehen wann es hier mit Rußland ausgeht. Im Anfang ging's ja schnell vorwärts, aber jetzt ist man auf dem Kern von Rußland, und das kostet bittere Kämpfe. Der Russe kämpft bis aufs Äußerste, und bevor er weichen muß zündet er noch alles an. Da wo ich bin sind Dreiviertel der Häuser vernichtet. Kaufen kann man überhaupt nichts, aber es geht auch so. Vor drei Wochen hab ich 80,- Mark nach Hause geschickt, wenn's nun geht werde ich in nächster Zeit wieder 100,- Mark wegschicken, zu was so viel Geld immer herumtragen?

Die versprochenen Bilder von der Wehrmachtsbetreuung will ich Dir nun beilegen, die zwei größeren sind von Kutno[9], eines vom Judenlager und das andere

---

[9] Im 1940 gegründeten Ghetto von Kutno waren knapp 7.000 Juden interniert. Hauptsächlich bestand der Komplex aus einer alten Zuckerfabrik und einigen Ruinen, so dass viele der Gefangenen im Freien schlafen mussten. Nur 213 Juden aus Kutno überlebten den Holocaust, der Rest wurde entweder erschossen oder vergast. Was genau Georgs Rolle bei all dem war lässt sich heute leider nicht mehr ermitteln.

war unsere Unterkunft. Möchte nun schließen mit der Hoffnung, daß Du dieses Brieflein gesund und munter erhältst, und bald wieder etwas von Dir hören läßt. Denn wenn man so weit von der Heimat entfernt ist wie ich, ist ein Brieflein von der Liebsten immer die größte Freude. Ja, man hat ein sicheres Gefühl und Vertrauen, man weiß daß einem in der Heimat ein treues Herz schlägt, und das ist Glück!! Sei nun recht vielmals gegrüßt und geküßt von Deinem

Georg

Im fernen Osten am 24.8.41.
Meine liebe Emma!

So nun endlich habe ich Zeit Dir mal wieder einige Zeilen zu schreiben. Deinen lieben Brief vom 3.8. habe ich schon vor einigen Tagen erhalten, herzlichen Dank dafür. Verzeihe mir bitte, weißt ich habe nicht immer Zeit und wenn man schon mal einige Minuten frei hat ist man zu müde oder es ist Nacht, und ein Licht haben wir nicht.

Wenn ich so auf meinem Motorrad sitze und durch das Gelände fahre muß ich immer denken, wie schön wäre es wenn wir in der Nähe von Stuttgart wären, da könnte ich Euch oft überraschen. Emma, Du hast recht man muß eben Geduld haben, es kommt auch mal der Tag wo es wieder Urlaub gibt oder noch besser wäre ja Urlaub für immer. Heute ist es nun wieder Sonntag, aber bei uns sieht man nichts davon, alle Tage ist es gleich. Ich hab nun Schluß gemacht, denn es geht schon auf 4 Uhr.

Liebe Emma, hast Du Dir auch schon Gedanken gemacht über meinen Urlaub, das heißt wenn ich mal bekomme? Diesmal ist es ja nicht mehr heimlich, und Du kannst ruhig nach Hause fahren. Ich lasse meinen Fahrschein natürlich über Münchingen schreiben. Hoffentlich bekommst Du dann frei, damit wir ins Kino oder Theater nach Stuttgart können, da hab ich ja keine Angst, Deine Frau hat sehr und so viel Verständnis, und wenn nicht dann laß nur mich sorgen. Wenn man so lang einander nicht mehr sieht kann man doch das verlangen, einige freie und glückliche Stunden. Was haben nun wir beide von unserer Jugend, überhaupt gar nichts. In unserer schönsten Zeit vom Leben ist Krieg, aber ich habe immer noch Hoffnung, daß wir nach dem Krieg schöne und glückliche Stunden verbringen dürfen. Weißt den Kopf darf man nicht hängen lassen, immer mit Humor, da geht's am besten.

Wie geht es Dir nun immer? Hoffentlich bist wieder gesund und munter, was ich von mir auch schreiben kann, obwohl es zu Hause ganz anders wäre.

Gegend ist hier eben mehr als schlecht, ja man hat beinah kein Wasser zum Waschen, und wie das ist weißt Du ja am besten. Jeden Tag müßen wir 6 km ins Wasser fahren, es ist nur gut daß wir Auto haben.

Es freut mich, daß Du in Stuttgart im Kino warst, geh nur so oft Du Zeit hast. Den Film „*Reitet für Deutschland*"[10] habe ich auch gesehen. Oh wie nett wäre es jetzt, heute Abend noch einige Stunden froh und glücklich spazieren gehen zu können, aber es geht noch mehr so. Mein Kamerad seine Freundin schreibt, sie wie würde immer schlanker, ich weiß nun nicht, sind das bei ihr Sorgen, oder sonst etwas? Hoffentlich bist Du immer noch die gleiche wie diesen Frühling, mache Dir nur keine unnötigen Sorgen, es wird schon alles recht werden.

---

[10] Deutscher Propagandafilm von 1940/41 mit Willy Birgel in der Hauptrolle.

Ich wünsche Dir nun alles Gute von ganzem Herzen, und wenn ich wieder Zeit habe werde ich Dich nicht vergessen, ja jede Nacht bin ich im Traum bei Dir. Sei nun recht lieb gegrüßt von Deinem

Georg

Sonntag, den 14.9.41.

Meine liebe Emma!

Möchte Dir auch mal wieder ein kleines Brieflein schreiben, heute am Sonntag. Bis jetzt sieht es aus wie wenn ich frei hätte. Heute früh war um ½ 4 Uhr Wecken, wie schon öfters. Es ging nämlich auf Transport. Ich gehe ja nicht mehr mit, ich fahre immer alleine. Erst gestern fuhr ich beinahe 300 Kilometer, und was morgen los ist weiß ich noch nicht. Hab nun 6.000 Kilometer überschritten. Wenn nun der Befehl kommen würde jeder könne nach Hause fahren, so wäre ich nächsten Sonntag bestimmt bei Dir, ja noch früher. Weißt, vor Kilometern und schlechten Straßen habe ich keine Angst mehr.

Emma, das wäre so eine Idee! Ich glaube, Du würdest Deinen Augen nicht mehr trauen, wenn ich auf einmal bei Dir wäre. In Gedanken bin ich ja immer bei Dir, so auch heute. Wie schön wäre es nun, wenn wir so gemütlich ungestört an einem warmen Plätzchen miteinander plaudern könnten, unsere Herzen gegenseitig ausleeren. Es gibt eben manches, wo man nicht schreiben kann, oder nicht so recht will. Du wirst mich wohl verstehen, was ich damit sagen will. Wir müssen eben Geduld haben, einmal kommt doch auch der Tag wieder, wo es ein Wiedersehen gibt. Wenn ich nur so alle vierzehn Tage oder drei Wochen ein Brieflein von Dir erhalte, bin ich zufrieden. Auf meiner Stube hat es Kameraden, denen ihre Liebste muß jede Woche 4-5 Mal schreiben. So etwas hat doch gar keinen Wert, was kann man denn immer schreiben? Überhaupt Du, wenn Du fast keine Zeit hast. In Kutno hatte ich mehr Zeit, das wirst schon gemerkt haben, mußt mir eben verzeihen, es ist ja nicht meine Schuld.

Was Du in Deinem letzten Brief schreibst hat mir sehr gefallen. Man sieht eben daß Du an der Landwirtschaft große Freude hast, und der Scholle treu bleibst. Wie ich Dir ja schon öfters geschrieben habe geht es mir genau so. Ich habe eben eine Freude an der Landwirtschaft.

In den Jahren '34 und '35 hab ich zum Beispiel auf Wurzelausschläge von Pflaumenbäumen Zwetschgen aufgepfropft, das Jahr darauf versetzt und habe nun somit über zwanzig selbst gezogene Bäume, nach welchen ich in jedem Urlaub schaue. So habe ich bei diesen noch 120 Johannisbeerstöcke, wie meine Eltern schreiben haben sie mehr als viel bekommen. Über einen Zentner haben sie an Verwandte verschenkt, ja so viel haben sie oft an einem Tag getrogt. Wie viel Zentner es nun waren weiß ich nun nicht. Auch diese Beerstöcke habe ich im letzten Urlaub geschnitten, überall mußte ich hin und schauen was los ist. Nur war die Zeit halt immer zu kurz, wie bei Dir auch. Im nächsten Urlaub mußt Du aber mit mir nach Hause, damit Du es selber sehen kannst, denn Worte allein machen nicht glücklich, es gehören auch Taten dazu.

Emma, ich habe schon manches probiert, hatte auch schon Schaden dabei, aber meistens hatte ich Glück und noch etwas dabei gelernt. Der Mensch der keine Fehler macht lernt auch nichts. Und nun noch eine kleine Frage an Dich; Hast Du den Brief mit den Bildern aus Warschau erhalten? Hast wenigstens noch nichts davon ge-

schrieben. Vielleicht könntest Du mir auch mal ein Bildchen schicken, wo Du im Dirndl drauf bist. Deine zwei Mädels haben ja einen Apparat. So, und nun möchte ich schließen, wirst es hoffentlich zusammenbringen, mit dem Gedanken daß wir uns bald im Frieden glücklich und gesund wiedersehen.
Sei nun recht lieb gegrüßt von Deinem

Georg

Regensburg, den 2.10.41.
Meine liebe Emma!

So, nun endlich bin ich soweit einige Zeilen von mir hören zu lassen. Ja, es ist nun allerhand passiert. Am 22. bin ich in Orscha[11] verunglückt, und hab dabei den rechten Fuß gebrochen. War dort bis Mittwoch im Lazarett, wurde dann in einen Lazarettzug verladen Richtung Heimat. Keiner von uns 400 Mann wußte wohin, was doch jeden sehr interessierte. Zuerst glaubten wir schon in Warschau ausgeladen zu werden, aber zum Glück ging's weiter und durchs Sudetenland. In Karlsbad kamen die ersten heraus. Ich glaube, daß die meisten hier ausgeladen wurden. Wir wurden aber verteilt, soviel ich weiß sind hier acht Mann herein gekommen. Es ist hier ein Krankenhaus, wo die Hälfte ein Lazarett ist. Es geht mir soweit ganz ordentlich, nur kann ich nachts sehr

---

[11] Am 30.9.1941 startete das deutsche „Unternehmen Taifun", mit dem Ziel zuerst die Rote Armee vor Moskau zu zerschlagen und dann die Stadt selbst einzunehmen. Sollte Georg wirklich schon am 22. verletzt worden sein, dann hätte er bei dem Angriff bereits im Lazarett gelegen. Wollte er aber einfach die Feldpost-Zensur umgehen, wie damals oft üblich, so streute er gerade genug Hinweise ein um mitzuteilen, dass er während einer Kampfhandlung oder der Vorbereitung zur Invasion verletzt worden war.

wenig schlafen, hab eben immer noch Schmerzen. Weißt, es war auch allerhand, sechs Tage auf der Fahrt, da gab es manchen Stoß, und heiß war es, da konnte man es fast nicht mehr aushalten. Ich bin nun froh, daß ich soweit bin, vielleicht wird es doch bald besser, wenn ich jetzt Ruhe habe. Der Gipsverband drückt aber überall, und er geht von oben bis unten, nur noch die Zehen sind frei. Sitze nur hier so im Bett, und schreibe Dir dieses Brieflein. Hoffentlich kannst Du es lesen, die Schrift ist ja nicht viel, aber es kommt von Herzen und aus Liebe, und aus Liebe geht ja alles. Ich glaube, Du hast Verständnis dafür und wirst mich entschuldigen.

Wie geht es Dir denn immer? Hab nun fast zwei Monate nichts mehr von Dir gehört. Ich habe nun die dringende Bitte an Dich, schreibe mir <u>bald</u>! Nun sind wir ja nicht mehr so weit entfernt. Stuttgart wäre ja noch besser gewesen, aber was kann man machen, da hätte jeder einen anderen Wunsch. Ich glaube bis in 4-5 Wochen kann man bei mir allerhand sehen. Hoffentlich bekomme ich dann noch einige Wochen Erholungsurlaub, wo ich natürlich bei Dir auf dem „*Gut Mauer*" erscheine, so ganz überraschend, und Dich dann mit nach Stuttgart nehme. Kannst Deine Frau und Deinen Chef schon ein wenig darauf verständigen. Hier darf es kein „Nein" geben, nach einem solch langen Wiedersehen kommt nur ein „Ja" infrage!

Möchte nun schließen mit der Hoffnung, daß Du meinen Wunsch recht bald erfüllst, und das Brieflein Dich gesund und munter antrifft. Sei nun recht herzlich gegrüßt und geküßt von Deinem

Georg

Auf baldiges Wiedersehen! Gute Nacht!

Meine Adresse lautet:
Gefr. Gg. Hopfer
Reserve Lazarett 1b
evangelisches Krankenhaus
Regensburg!

Regensburg, den 5.10.41.

Meine liebe Emma!

Möchte Dir nun heute am Sonntag mal wieder einige Zeilen senden, was Dir ja bestimmt große Freude macht. Es geht mir nun ganz ordentlich, kann nun wenigstens das Bett verlassen, was ja gut ist zur Abwechslung. Die Schmerzen lassen auch langsam nach, kann somit nachts auch besser schlafen. Heute ist nun das Erntedankfest, aber zu sehen ist davon nicht viel. Wenn ich da so zurückdenke, wie es vor dem Krieg war, einfach pfundig, mit einem Wort. Bei Dir wird es jedenfalls auch nicht viel besser sein. Wo geht ihr denn eigentlich hin?

Und nun, Emma, muß ich Dir etwas vom Herzen schreiben. Schon viele Wochen denke ich, was machen wir im nächsten Urlaub? Ich möchte nun gerne Verlobung halten, das ist mein Wunsch schon lange! Was meinst Du dazu, liebe Emma? Ich kann mir es ja fast denken, was Deine Antwort darauf ist, „Es hat noch Zeit!" sagst Du vielleicht. Emma, nicht mehr so arg lange, denn wenn der Krieg aus ist sind wir doch nicht mehr lange ledig, und da wäre es doch nett wenn wir uns bald verloben würden. Meinst nicht auch? Das Alter haben wir ja schon. Im Januar schriebst Du mir, daß Deine Freundin Rosa ein Kind bekommen habe, meine Antwort darauf war: Mir wäre es nicht recht wenn es bei Dir so wäre, jetzt wäre es mir aber egal. Das heißt schöner ist es schon, wenn man erst verheiratet Kinder bekommt. Wenn aber nun der Krieg noch einige Zeit dauert, dann sind wir alt, und werden alt bis wir eine Hilfe bekommen. Wir hoffen natürlich, daß der Krieg doch bald ausgeht, ich glaube, es hat fast jeder genug. Schreibe mir bitte ganz wie Du es denkst über unsere Verlobung, und nur nicht zaghaft sein. Frisch gewagt ist halb gewonnen! Wenn ich nun jetzt in Urlaub komme ist es anders: Erstens hab ich keine solche weite Strecke mehr, und zweitens bin ich dann auch gut rasiert, damit es nicht so …, es muß einfach alles in bester Ordnung sein, vom Kopfe bis zum Fuß, was ja zur Zeit nicht der Fall ist. Muß nämlich Tag und Nacht mit dem steifen Fuß natürlich im Bett liegen, und wenn ich nur einige Minuten so am Tisch sitze bereue ich es schon, aber es muß gehen. Nur den Mut nicht sinken lassen.

Sei nun recht lieb gegrüßt und geküßt von Deinem

Georg

Regensburg, den 7.10.41.
Meine liebe Emma!

Habe heute ganz unerwartet schon Antwort von Dir erhalten, besten Dank dafür. Auch vielen Dank für Dein nettes Bildchen, da sind ja alle beide sehr gut getroffen und man sieht ihnen auch keine Not an, was ja ein gutes Zeichen ist. Emma, ich bin auch sehr froh daß ich in Deutschland bin, wenn man nämlich in einer so trostlosen Gegend auch noch krank ist, das ist mehr als schlimm, das darfst mir glauben. Es gibt eben nur ein Deutschland! Die Menschen und die Landschaft ist einfach Heimat. Wie Du schreibst ist Dir scheinbar aufgefallen, daß ich keinen Brief von Dir erhalten habe, Dein letzter Brief wo ich von Dir erhalten habe war am 22.8., daß das nicht stimmen kann hab ich selber gedacht, so lange wartest Du doch mit dem Schreiben nicht, es war einfach zu weit, jetzt geht's dann schon schneller. Auch die Hoffnung auf ein baldiges Wiedersehen ist nun groß. In meinem letzten Brief habe ich ja schon einen Vorschlag gemacht, wenn Du meinst Deine Frau habe etwas dagegen, bearbeite sie nur richtig, es muß gehen.

So, nun möchte ich diesen Brief vollends zu Ende schreiben. Am 7. mußte ich Schluß machen, war zu müde, es ging mit dem besten Willen nicht mehr. Gestern hatte sie mich aber richtig in der Kur. Mein alter Gipsverband kam weg, und ein neuer hin, wobei mein Fuß eine andere Lage, oder besser gesagt in eine andere Lage gebracht werden mußte. Aber Emma, das war ein Schmerz. Der Schweiß rannte mir übers Gesicht, so weh tat das wo die mal richtig gedrückt hatten, vier Mann. Nun bin ich heute wieder zum ersten Mal aus dem Bett um Dir vollends zu schreiben. Die Schmerzen haben nun soweit wieder nachgelassen, hoffentlich kann ich dann nachts auch mal durchschlafen.

Liebe Emma, mach Dir das Herz nicht schwer um mir etwas zu schicken, ich hab genug. Am 7. bekam ich von meinen Eltern ein Päckchen, und am 8. von meinem Nachbarn. Da siehst Du also, daß mir es in dieser Hinsicht nicht schlecht gehen kann. Sogar wünscht meine Nachbarin, daß ich meinen nächsten Geburtstag auf dem Sofa mit meiner holden Braut feiern möchte. Letzten Urlaub hab ich ihr unsere Liebschaft verraten, deshalb weiß sie etwas davon. Nun muß ich aber Schluß machen, denn der Platz geht zu Ende. Sei mir recht herzlich gegrüßt und gegrüßt, von Deinem

Georg

Regensburg, den 11.10.41.

Meine liebe Emma!

Will Dir nun mal wieder ein Brieflein schreiben, Zeit habe ich ja genug dazu, und da wir leider nicht miteinander reden können muß man eben schreiben. Seit mein Fuß nun in der richtigen Lage ist ist's besser, hoffentlich bleibt es nun bei diesem Verband, welcher ja schon 3-4 Wochen jetzt noch dran bleiben muß, aber es wird schon wieder recht werden, nur keine Angst!

Liebe Emma, wenn ich so Dein nettes Bildchen ansehe dann muß ich immer denken; es muß doch mal schön sein wenn man verheiratet ist, und so einen Kleinen hat, egal ob Mädel oder Bub. Mit den Kindern wird man doch erst richtig verwachsen miteinander.

Oder wäre Dir eine Ehe ohne Kinder lieber? Ich glaube nicht! Die Familien wo ich kenne wo kinderlos sind ist es nichts, die wissen überhaupt nicht für wen und für was sie alle Tage bis ins Alter schaffen. Ach was, ich sollte halt mit Dir persönlich reden können, wenn es ja nur einige Stunden wären, so am Sonntag, oder so am Abend nach Feierabend. Wir schlafen nämlich nie vor 11 Uhr ein. Heute Nacht habe ich zum ersten Mal bis 4 Uhr geschlafen, und dann mich umgedreht und weiter ging es bis 6 Uhr. Um 6 Uhr kommt nämlich die Schwester, da geht der Alltag wieder los und abends um 9 Uhr muß alles im Bett sein, wo wir dann noch mit unseren Kopfhörern das Radio anhören, was uns ja die Zeit vertreiben hilft. Und so geht es Tag für Tag, bis es mal heißt: „Heute können Sie zu ihrem Ersatztruppenteil fahren".

Wie ich nun schon gehört habe bekommen wir von dort aus Urlaub, das wäre bei mir Villingen bei Schwenningen. In '37 habe ich da meine acht Wochen gemacht, aber bei der Infanterie, und jetzt muß ich zur

Kraftfahrersatzabteilung, und soll von meinem Chef aus Zusatzprüfung machen.

Aber das muß ich mir noch überlegen, am besten wäre es ja wenn der Krieg mit Rußland vorher ausginge, denn so ein Land möchte ich nicht mehr sehen. Nun aber Schluß mit dem Krieg, zuerst gibt's ein Wiedersehen. Hoffentlich kann ich dann über Stuttgart fahren, aber dann legen wir das Schüchternsein beiseite, schlafen dann in einem Zimmer. Es muß einfach pfundig werden, anders wie das letzte Mal. Es ist nun auch anders, nicht mehr so halb und halb. In Deinem letzten Brief schreibst Du, daß Du zu Deiner Erika gesagt hast sie soll mir etwas schicken, Emma das ist doch nicht notwendig, gestern habe ich schon wieder eines von Schulzenbeuers erhalten. Du kennst sie doch auch, also mache Deiner Schwester nicht noch mehr Arbeit durch mich. Geschrieben habe ich ihr und Deiner Freundin Martha auch schon. Wirst jedenfalls nichts dagegen haben, die freut es auch wenn sie Post erhalten. Bin nun neugierig was Du mir auf diesen Brief für eine Antwort gibst, aber nur nicht zaghaft sein, was unser Herz drückt können wir doch nur gegenseitig einander sagen, und sonst niemandem. Mein Herz hab ich Dir ja nun ganz ausgeschüttet, jetzt bist Du an der „Reihe"!

Sei nun recht lieb gegrüßt und geküßt von Deinem

Georg

Regensburg, den 26.10.41.
Meine liebe Emma!

Meine Gedanken sind immer wieder bei Dir, und wie gern möchte ich mit Dir persönlich an einem trauten Plätzchen so ganz allein zu zwein plaudern. Ich glaube bestimmt, da wäre jeder glücklich von uns. Aber wir wollen nun mal sehen, es kommt ja mein Urlaub, da wird dann dieser Traum schon in Erfüllung gehen. Wie lange willst denn nun noch dort bleiben? Am 15. November ist doch Dein Jahr um, da wäre es doch die beste Gelegenheit. Ich glaube, bis dahin werde ich auch so weit sein, da werde ich Dich auf dem Hof nicht mehr treffen. Was mir natürlich lieber ist, wenn Du zu Hause bist, wir sind öfters zusammen. Wenn ich mal Urlaub habe dann möchte ich ihn doch auch ausnützen, überhaupt am Sonntag. Ich weiß noch ganz genau, wie in meinem letzten Urlaub die zwei Sonntage herum gingen, und wie ich dann noch von Deinem Vater erfahren habe, daß Du da gewesen warst, da hab ich mich dann geärgert. Wenn ich alle 4-6 Wochen in Urlaub kommen könnte wäre es ja anders.

Nun sind es schon wieder sieben Monate, und das ist ja nun ein Zufall, wer weiß wie lange es gedauert hätte? Diesen Urlaub will ich nun gemütlich und glücklich mit Dir verbringen. Emma, bist Du damit einverstanden? Und nun eine Frage: was machst Du denn mit all meinen Briefen, wenn Du nach Hause kommst? Das muß doch schon ein ganzer Haufen sein. Und was meinst Du dann zu der Kasse? Es ist nämlich so; wenn ich nach Hause komme und meine Eltern fragen mich ob ich noch Geld habe dann kann ich es nicht übers Herz bringen, ich muß es einfach sagen, so und so viel hab ich noch. Wenn nun Du so ein Geheimfach hast ist es dann anders, und wenn nur im Monat 10,- RM. rein kommen, mit der Zeit häuft es sich ganz nett. Überhaupt, in Rußland spielt es gar keine Rolle, da bekam ich nämlich in einem Monat 75,- RM., und kaufen konnte ich ja nichts. Ich hoffe nun, daß Du damit einverstanden bist, oder willst Du alle meine Pläne umschmeissen? In den letzten Briefen habe ich ja ein Thema angeschnitten, von welchem wir noch nie gesprochen haben. Davon reden können wir doch auch mal, und das wird auch noch öfters der Fall sein. Aber Emma, die Verlobung geht mir immer nicht aus dem Kopf. Du meinst, wenn ich nicht mehr zurückkehre seist Du nicht mehr frei! Emma, das spielt doch gar keine Rolle! Erstens hoffen wir das nicht, und zweitens muß unsere Liebe viel größer sein zueinander, als an solchen Kleinigkeiten hängen zu bleiben. Und drittens, wenn es der Fall sein sollte, dann ist doch jedem vernünftigen Menschen klar, daß es Deine Schuld nicht ist. Es wäre natürlich wesentlich anders, wenn Du ein Kind hättest. Du hast nun gedacht, jetzt kommt er in Urlaub, will sich verloben, damit er sich nun austoben kann. Von mir wird er auch so allerhand verlangen, und wenn ich dann ein Kind bekomme hat er ja dann die Ausrede das macht doch nichts, wir sind ja verlobt.

Emma, sei nun mal ehrlich, und schreibe mir ganz offenherzig wie Du diesen Brief aufgefaßt hast. Ich hab immer so das Gefühl, daß Du ihn so aufgefaßt hast wie ich da schilderte. In meinem letzten Brief hast ja nun gesehen, wie es in Wirklichkeit ist. Soviel ich Dich kenne hältst Du mich nicht für den schlechtesten Menschen, und hast mir auch immer geschrieben. Wenn es vier Wochen dauerte, aber ein Brief kam, das wußte ich.

Weißt, bei uns gab es Kameraden die haben jeden Tag ihrer Liebsten geschrieben, und sie natürlich auch. Das ist doch Blödsinn. Ich schreibe Dir ja auch oft, aber so oft doch nicht, ich weiß gar nicht was die einander immer zu schreiben haben.

Sie sagen immer nur, das sind reine Liebesbriefe. Ja, was will ich denn da immer schreiben, sei geliebt, gedrückt und geküßt, Dein Luftikus! Sonst kann ich mir nichts denken. Oder schreiben sie einander, was sie jeden Tag arbeiten, wie oft sie auf dem Zimmer Nr. 0

waren, ob sie heute ihre „Sache"¹² wieder bekommen hat damit er weiß, daß es noch in Ordnung ist, er kann dann auch gleich kalendern und ausrechnen, wann er in Urlaub fahren muß. Ja, es haben sogar schon einige gesagt als sie zurückkamen, diesmal hat es geklappt in meinen vierzehn Tagen. Emma, das ist doch ein Unsinn, überhaupt noch andere erzählen was sie im Urlaub machten. Solche Menschen haben vor meinen Augen keinen Charakter, viel weniger noch einen Wert. Das ist doch eine Selbstverständlichkeit, daß so etwas ein Geheimnis bleiben muß, und ich glaube, Du bist dergleichen Ansicht. Darüber möchte ich nun Schluß machen, vielleicht kommen wir im Urlaub auf das Thema zu sprechen.

Wo ist Dein Otto? Immer noch in Frankreich? Wie geht es ihm denn? Vor einigen Monaten schrieb ich Dir um seine Adresse zu erfahren, Du hast mir aber darauf nichts geschrieben. Warum weiß ich nicht.

So, und nun möchte ich schließen mit dem Gedanken, daß Du diesen Brief mit fröhlichem Herzen liest, und mir auch bald wieder Antwort gibst. Weißt, wenn jeden Tag das Gleiche hast, die gleichen Gesichter, und noch das Elend, siehst, da bekommst allerhand Gedanken und Gefühle. Da kommt so langsam die Sehnsucht nach der Heimat. Das merkst ja schon an meinen Briefen, sie werden ja immer länger. Es grüßt Dich nun herzlich, Dein treuer

Georg

---

[12] Menstruation

Regensburg, den 11.11.41.

Meine liebe Emma!

Deinen lieben, netten Brief mit großer Freude erhalten, vielen herzlichen Dank dafür. Heute wirst Du nun meinen auch erhalten haben, wo ich glaubte Du seist beleidigt, was aber nicht der Fall war, und mir umso mehr Freude macht. Es ist halt doch schön wenn man Gaudi miteinander machen kann. Bei mir ist es halt anders wie bei Dir, ich weiß oft vor Langeweile gar nicht was zu treiben. Wie ich sehe mußt Du noch Deinen Schlaf versäumen um mir zu schreiben, aber da heißt es eben auch, der Liebe ist nichts zu viel!

Unsere Liebschaft fing langsam aber sicher an, was auch das Beste ist. Du hast gewiß vor einem Jahr einen innerlichen Kampf gekämpft, und keinem Menschen konntest Du Dein Leid klagen. Mitte Dezember hast Du dann Mut gefasst, und von dieser Stunde an war es auch für mich ganz klar, daß nur Du die richtige für mich bist. Von da an hab ich nun alle Briefe gesammelt, und hab sie auch schon oft durchgelesen, was mir immer wieder Spaß macht. Weißt Du, da sieht man so gut heraus wie wir immer näher kamen.

Du freust Dich ja schon sehr auf meinen Urlaub, mir geht es natürlich genauso. Am 8. kam der Gips weg - ach so, das weißt ja schon! Heute Morgen sagte mir der Arzt, ich soll machen daß ich laufen kann, damit ich nach Hause komme. Das war ja ein prima Wort! Hoffentlich schwillt mein Fuß bald ab, den Knöchel sieht man kaum mehr, aber das Gehen übe ich um das eigene Interesse. Du bist scheinbar noch länger auf Deinem Hof, wo ich Dich dann dort besuchen werde. Wenn ich nun von hier vom Arzt aus Urlaub bekomme muß ich nach Hause fahren. Weißt, das ist dann ein anderer Urlaub, wo ich mit so einem Wunsch nicht kommen darf.

Aber nur keine Angst, ich fahre dann extra zu Dir! An einem Sonntag, oder ist es Dir schon an einem Samstagabend lieber? Das mußt mir noch schreiben, einmal bleibe ich ja bei Dir über Nacht, was ja klar ist, und in zivil bin ich dann auch freier, wir alle beide, das glaubst doch auch.

Liebe Emma, das muß ein Wiedersehen geben wo man für einige Stunden ganz glücklich ist! Weißt, wie so richtig im „Mai"! Dort hast Du auch mehr Freiheit wie zu Hause. Und in Stuttgart ist dann auch was los. Sei nun so gut, und schreibe mir wie es Dir am liebsten ist. Wenn Sonntags, dann treffen wir uns in Stuttgart (Hauptbahnhof). Die Zeit teile ich Dir dann mit.

Übermorgen hast nun Geburtstag, ich wünsche Dir alles Gute von ganzem Herzen, und mit dem Wunsch, daß wir den nächsten dann miteinander feiern können. Lege Dir nun eine Kleinigkeit bei, Du hast vielleicht einen Wunsch wo Du damit erfüllen kannst. Geplant hatte ich's ja anders, aber leider kann ich nicht ausgehen, es ist aber nun die längste Zeit angestanden.

Auf ein glückliches, fröhliches Wiedersehen hoffend grüßt Dich herzlich Dein

Georg

Regensburg, den 20.11.41.
Meine liebe Emma!

Habe soeben Deiner Freundin Martha ihren Brief beantwortet, welchen ich vor zwei Tagen erhalten habe. Wie sie schreibt hat sie auch immer viel Arbeit, sogar am Sonntag. Christian Wächter sei in Konstanz im Lazarett, wo man ihm den linken Arm abnehmen mußte. Das ist ja arg für ihn, Bauer mit einem Arm. Er kam öfters im Urlaub nach Sontheim zu Martha Mack (Hausenbauer), Du kennst sie doch bestimmt.

Im letzten Urlaub fragte ich sie nach ihm, wo sie mir aber nur so flüchtig Antwort gab. Weißt, ich wollte nur sehen was sie sagt. Weißt, die kann sich mit mehreren abgeben, ich hab schon allerhand gehört von ihr im Urlaub. Emma, die hat eine leichte Jugend hinter sich. Es sagten sogar schon einige die zu ihr gingen; wenn man die nicht gleich beim ersten Mal richtig durchzieht dann könne man gleich zu Hause bleiben. Das ist natürlich allerhand. Ich kann ihr aber sonst in der Arbeit bestimmt nichts nachsagen, und will sie auch nicht schlecht machen, und jetzt ist sie auch keine 16 mehr. Es wäre natürlich nicht schön von ihr, wenn sie ihm untreu würde.

Wie geht es nun Dir immer? Bei mir geht es von Tag zu Tag so langsam besser. Am Sonntag wurden wir von der NS-Frauenschaft und von der Partei Tegernheim eingeladen, ca. sechs Kilometer von hier wo es sehr schön war. Jeder Soldat hatte eine Frau, es war so ein richtig gemütlicher Nachmittag bei Kaffee und Kuchen. Aber die Sehnsucht nach Dir ist dann erst richtig erwacht, wenn man wieder so unter Zivilisten ist. Gestern war ich nun zum ersten Mal hier aus. Es war so weit ganz nett, es ist halt ein Leben und Treiben wie in der Großstadt, wovon wir nicht so arg begeistert sind. Darüber sollten wir lieber persönlich reden.

Morgen gibt es wieder Geld. Will Dir nun wieder 10,- RM. schicken, damit unsere Kasse so langsam steigt. Liebe Emma, nun geht es rasch Weihnachten zu, ich möchte Dich nun bitten mir Deinen <u>Wunsch</u> zu schreiben, was Du gern zu Weihnachten haben möchtest. Du mußt es mir aber schreiben, es ist mir „ernst". Unter vier Augen könnte man es besser ausmachen, aber nun muß es eben auch so gehen. Möchte nun schließen mit der Hoffnung, daß Du auch mal wieder Zeit hast für mich, um mir meine Fragen zu beantworten.

Sei nun herzlich gegrüßt und geküßt von Deinem

Georg

Auf ein fröhliches Wiedersehen!

Regensburg, den 8.12.1941.
Meine liebe Emma!

Will Dir nun den letzten Brief von hier schreiben. Ich hätte Dir schon bälder geschrieben, aber ich wartete immer auf Post von Dir, was aber leider umsonst war.

Heute früh sagte nun der Unterarzt zu mir, ich könne nun entlassen werden. In den nächsten Tagen geht es aber nach Villingen (Schwarzwald), von wo aus ich dann in Urlaub fahren darf. Wenn's geht fahre ich dann bei Dir vorbei, so ganz unverhofft wie das letzte Mal.

Hoffentlich fällt es dann auf einen Sonntag! Daß unser Wunsch endlich in Erfüllung geht. Emma, wer weiß wann wir uns dann wiedersehen, der Krieg geht nicht so schnell zu Ende, das glaubst ja auch, und gerade deshalb dürfen wir so eine Gelegenheit nicht hinauslassen. Über Weihnachten gehst doch bestimmt auch nach Hause, wo hoffentlich ich auch noch im Urlaub bin.

Und nun, meine liebe Emma, sei nicht zaghaft, wenn Deine Liebe auch so groß ist wie meine, dann dürfen wir einige schöne und glückliche Tage erleben! Wir müssen einander viel, viel sagen was brieflich nicht geht, und nun sind wir auch wesentlich weiter wie im Frühling, da war es ja noch so ein halbes Geheimnis. Ich wünsche Dir bis dahin alles Gute von ganzem Herzen. Sei nun herzlich gegrüßt und recht lieb geküßt von Deinem

Georg

Auf ein fröhliches Wiedersehen!

+++

Die nächsten vier Monate verbrachte Georg zu Hause auf Genesungsurlaub, bevor er in die Kaserne in Bad Cannstatt (Stuttgart) einrücken musste. Auch diese lange Pause deutet auf eine schwerwiegendere Verletzung als einen bloßen Bruch seines Fußes hin.
+++

Canstatt, den 11.4.42.

Meine liebe Emma!

Bin nun gestern gut an meinem neuen Platz angekommen, will nun sehen wie es mir da gefällt. Es ist ja sehr schade, daß Du nicht mehr auf dem Hof bist. Ich habe immer noch Hoffnung, daß Du wieder kommst damit wir uns in Stuttgart öfters treffen können.

Das Wetter ist hier viel wärmer als im Schwarzwald, dort geht immer noch ein kalter Wind. Mein Wunsch ist hier die Stellung zu halten so lange es geht. Mit der Fahrschule hab ich ja schwer Glück gehabt, bin nämlich erst fertig geworden, und hier einen Führerschein zu besitzen ist sehr wichtig. In Sonntagsurlaub kann ich nun auch fahren (100 km Zone), also günstig, nur jetzt in den ersten Wochen müssen wir zurückhaltend sein mit solchen Sachen. Möchte nun für heute schließen in der Hoffnung, daß Ihr alle gesund und munter seid was ich von mir auch sagen kann. Seid vielmals gegrüßt von Eurem

Georg

+++
In den folgenden Monaten gab es keinen Schriftverkehr mehr zwischen Georg und Emma, vermutlich da regelmäßig persönliche Treffen möglich waren. Aus dieser Zeit ist also nur ein einziges (Gerichts-)dokument erhalten, das den Tod von Emmas Mutter anzeigt. Kurz darauf wurde Georg dann wieder in den Osten versetzt.
+++

Nachlassgericht Gerstetten - Bez. Notariat Gerstetten

Betrifft: Nachlass-Sache ihrer Mutter Elisabeth Wächlen, geb. Thiele, Gastwirtsfrau in Gerstetten

Gemäss §42 Testamentsgesetzes erhalten Sie hierdurch den Sie betreffenden Inhalt des Erbvertrags der Elisabeth Wächlen geb. Schiele, vom 23. Februar 1909, vor dem Nachlassgericht Gerstetten eröffnet am 30. Juni 1942, zur Kenntnis mitgeteilt. Die Erblasserin hat verfügt:

§3
Wird die Ehe durch den Tod eines der Ehegatten getrennt, so hat der überlebende Gatte das Recht, sowohl die zum Nachlass als die zum Gesamtgut gehörigen Grundstücke und beweglichen Sachen um einen Anschlag zu übernehmen; dieser Anschlag wird endgültig festgestellt bezüglich der Grundstücke durch Schätzung der örtlichen Schätzungsbehörde, bezüglich der beweglichen Sachen durch Schätzung der örtlichen Inventurbehörde.

§4
Sind bei der Trennung der Ehe durch den Tod eines der Ehegatten gemeinschaftliche Kinder der Ehegatten am Leben, so kommt dem überlebenden Ehegatten an den Erbteilen der Kinder vom verstorbenen Elternteil das Recht zur Nutzniessung bis zum zurückgelegten fünfundzwanzigsten Lebensjahr je des einzelnen Kinds zu. Dieses Recht hat insbesondere die überlebende Ehefrau auch im Falle ihrer Wiederverheiratung.

§5

Der Anschlag, um welchen die vom Ehemann als eingebrachtes Gut eigentümlich besessenes Grundstück und ihre oben §1 ebenso und zwar unter II aa und bb bezeichneten Zubehörden von der Ehefrau im Vorablebensfall des Ehemannes übernommen werden können und dürfen, wird ein für alle Mal auf die Summe von 25.000 M., Fünfundzwanzig tausend Mark festgesetzt; sodann hat sie die zur Zeit dieser Übernahme vorhandenen Tiere, Pferde, Vieh, ohne Ausnahme, auch Schweine, Hühner, Bienen, und die zu dieser Zeit vorhandenen, zu dem Wirtschaftsbetrieb erforderlichen Getränke und andere Vorräte um den Anschlag zu übernehmen das Recht, der sich zur Zeit der Übernahme ergibt.

Diese Bestimmung kommt auch bezüglich der Übernahme von Vieh, Pferden wie oben und der Getränke und andere Vorräte zum Wirtschaftsbetrieb dem Ehemann gegenüber im Falle des §3 zur Anwendung.

Der Wert der zur Zeit der Übernahme der Grundstücke vorhandenen Vorräte an Heu, Öhmd, Stroh, Früchten und den übrigen Felderzeugnissen sollen als unter dem Anschlag der Grundstücke begriffen betrachtet werden.

Die Bestimmung §5 wurde am 3.4.1915 geändert wie folgt:

„In §5 unseres Ehe- und Erbvertrags vom 23. Februar 1909 haben wir der Ehefrau das Recht eingeräumt, die vom Ehemann eingebrachten Grundstücke nebst den Vorräten um 25.000 M. zu übernehmen. Die Bestimmung heben wir auf; es bleibt bezüglich der Übernahme der Grundstücke und beweglichen Gegenstände durch den überlebenden Gatten bei der in §3 des Vertrages getroffenen Bestimmung".

Ihr Vater und ihre Brüder Karl und Otto Wächlen haben dem Nachlassgericht angezeigt, dass die Teilung auf den Tod der Mutter unterbleiben soll. Falls Sie ebenfalls damit einverstanden sind, dass die Teilung auf den Tod der Mutter unterbleibt, bitte ich Sie, die angeschlossene Erklärung zu unterschreiben, und sofort an das Bezirksnotariat Gerstetten einzuschicken.

Bezirksnotar
Engler

Osten, den 10.8.42.
Meine liebe Emma!

Dein liebes Luftfeldpostbrieflein habe ich am 8. erhalten, vielen Dank dafür. Lege Dir wieder eine Marke bei. Wir bekommen nämlich vier im Monat, davon sollst Du die Hälfte haben. Von meinen Eltern bekam ich auch Post am gleichen Tag, wie sie schreiben war Deine Erika bei Ihnen beim Träublezupfen. Es ist nur schade Emma, daß Du nicht auch dabei sein konntest, aber der Tag kommt auch einmal!
   Wie ich aus Deinem lieben Brief sehe hast Du immer viel Arbeit, was ich Dir gerne glauben will. Salome ist halt noch ein Kind, auf die man sich noch nicht verlassen kann, deshalb hält Deine Frau auch so viel auf Dich. Ich sehe es schon kommen, das ist Deine erste und letzte Stelle, da kommst nicht mehr weg. Aber liebe Emma, das eine Gute hat's doch, genügend zu Essen und Trin-

ken, was bei uns leider anders ist. Nicht einmal genügend Wasser zum Tee oder Kaffee machen. Ein Fluß fließt vorbei, aber das Wasser stinkt wie Pest, da liegt nämlich ein Haufen toter Russen und Pferde drinnen, ja, die ganze Luft ist verseucht. Ich glaube, wenn wir nicht so oft geimpft würden und noch jeden Tag Tabletten bekommen würden, wäre schon mancher im Lazarett.

Gestern war es Sonntag, wo ich aber nichts davon gemerkt habe, es ist alle Tage gleich. Zur Zeit geht's mit Hochdruck, was Du ja im Wehrmachtsbericht selber hörst. Vor vier Tagen sollte ich einen Wagen aushilfsweise übernehmen, so lange der Fahrer im Urlaub ist. Im letzten Augenblick kam aber mein Oberschirrmeister, und ließ mich nicht weg, was mir einesteils so lieber ist. Weißt, Aushilfsfahrer ist so eine Sache, das weiß ich von meiner alten Einheit zu genau, und hier sind wir eben die Jungen. Aber man muß eben alles überwinden. Hab aber keine Bange für mich, auf der Schirrmeisterei hab ich meinen Posten. Man muß eben Glück haben, und wer weiß wie lang es noch dauert bis sie uns auch bei der kämpfenden Truppe brauchen. Emma, wir hoffen nun das Beste, in einigen Wochen können wir im Süden allerhand sehen!

Sei nun vielmals gegrüßt aus weiter Ferne, von Deinem

Georg

Osten, den 13.9.42.

Meine liebe Emma!

Deinen lieben Brief vom 16.8. und Deinen Luftfeldpostbrief vom 30.8. habe ich mit großer Freude erhalten, vielen herzlichen Dank dafür. Emma, das ist meine größte Freude immer, besonders für Deine schönen Bildchen. Will Dir auch einige Bildchen beilegen, aber ich bin leider auf keinem drauf, aber doch kannst etwas von unserer Arbeit sehen. Auf denen wo ich drauf bin hab noch keine gesehen. Wie ich sehe hast Du eine große Freude in Gudrun, und es steht Dir auch prima, ja man könnte glauben Du seist die Mutter! Auch das kommt einmal, wenn der Krieg vorbei ist!

Wie ich sehe geht es Dir ja immer soweit gut, was ich von mir auch schreiben kann. Wir liegen immer noch am alten Ort. Heute früh kamen unsere Fahrer samt Fahrzeugen weg. Diese Woche sollten wir auch noch zerrissen werden (Der 1. vom 2. Zug). Ich bleibe aber bei dem alten Haufen. Mache Dir aber darüber kein Kopfzerbrechen! Denn wie gesagt, mir geht's nicht schlecht. Arbeit haben wir ja immer viel, ich bin aber die meiste Zeit auf meiner Stube, komme nur zum Ersatzteil ausgeben in die Werkstatt. Sonst geht alles so im alten Gang weiter. Liebe Emma, daß Du mir kein Päckchen schicken kannst das weiß ich doch, und kann's auch gut verstehen, da brauchst Du Dich doch nicht schämen! Vor acht Tagen erhielt ich von Deiner Schwester ein Päckchen mit sehr netten Zeilen, sowie von Marie zwei Stück. Wie sie schreiben kommst Du bald nach Hause, Du schreibst aber keinen Ton davon, nur im letzten Satz so eine kleine Andeutung. Ich bin nun gespannt ob es Wirklichkeit wird? Mir wäre es auch lieber, wenn Du es leichter bekommen würdest. Und beim Träublezupfen wärst Du auch dabei gewesen, auch diese Zeit kommt mal, je bälder je lieber.

Die Ernte ist nun vorbei, aber Arbeit gibt es im Herbst sehr viel, wie gerne wäre ich dabei. Hoffentlich ist das Wetter halbwegs, denn das ist doch der beste Helfer auf dem Feld. Mein Freund Fritz Stüber hat mir auch geschrieben, wie er aber schreibt ist es mit seiner

Liebschaft, mit meinem Bäßle[13], aus. Warum erfahre niemand. Ich selber kann es kaum glauben, daß man in diesem Alter noch so einen Streich machen kann. Mit 16-18 Jahren kann man es ja verstehen. Ja, nun uns geht es ja nichts an, jeder kann machen wie er glaubt sei am besten. Aber das ist doch eine große Schande. Er war nämlich schon bei Ihr zu Hause. Ich will nur sehen was er sagt, wenn ich mal wieder in Urlaub komme! <u>Aber</u>, Emma, es läuft noch viel Wasser den Bach hinab, ich rechne so bis in einem Jahr an der Reihe zu sein. Aber dann, meine liebe Emma, nicht nur vielleicht, sondern bestimmt wollen wir dann unsere Verlobung feiern!

Nun möchte ich für heute schließen, mit der Hoffnung auf ein gesundes und glückliches Wiedersehen in unserer lieben Heimat! Es grüßt Dich vielmals aus weiter Ferne Dein treuer

Georg

Gute Nacht! Lebe wohl, auf Wiedersehen!

Krassnodar, den 27.9.42.
Meine liebe Emma!

Möchte Dir einige Zeilen wieder zukommen lassen. Bin immer gesund und munter, was ich von Dir auch hoffe. Wie Du ja siehst liegen wir am Fuß vom Kaukasus. Von der Stadt aus sehen wir das Gebirge ganz gut. Ich hab immer geglaubt wir kommen weiter, aber wir bleiben wahrscheinlich hier über den Winter. Was Gegend anbelangt ist wie üblich. Der Boden ist gut metertief kein Stein, Obst und Wein wächst auch, aber die Anlagen

---

[13] Base (hier: Bäßle) = Cousine

solltest Du mal sehen, richtig verwahrlost, was wir uns in der Heimat gar nicht vorstellen können.

Morgen geht mein Oberschirrmeister von der Einheit. Nun hängt alles an mir, bis ein anderer kommt. Will nur sehen was kommt! Meistens kommt nichts besser. Es ist gut, daß ich mich zum größten Teil auskenne im Laden. Heute kam schon wieder ein neuer Chef[14], Emma, das ist schon der fünfte wo wir seit Mai in der Einheit haben, das ist fast zu viel. Das ist halt Soldatenschicksal.

Die Verpflegung war diese Woche nicht ganz schlecht, jeder konnte 250 gr. Butter kaufen um 2,- RM, was sehr willkommen war.

Liebe Emma, wie lange bist noch auf Deinem Hof? Im Urlaub werde ich dann gleich nach Hause fahren, und Dich zu mir nach Hause nehmen. Hoffentlich kommst aber vorher zu meinen Eltern, den Anfang hat Deine Schwester ja schon gemacht. Die versprochenen Luftfeldpostmarken konnte ich Dir leider nicht mit einlegen in den Feldpostbrief. Ich glaubte nämlich, sie seien mir übrig, aber im letzten Augenblick stellte es sich heraus, daß ich sie in Reserve halten muß. In diesem Brief konnte ich Dir nun näher schreiben wo wir sind, was auch der Grund vom ganzen Brief sein soll.

Also nochmals alles Gute von ganzem Herzen, und ein fröhliches Wiedersehen, grüßt Dich herzlich Dein

Georg

Sei mir nicht böse betr. „falschem" Absender, es ist nämlich mein Kamerad, wo die Briefe mitnahm. Zur

---

[14] Bei der zweiteiligen Sommeroffensive 1942, genannt „Unternehmen Blau" und „Unternehmen Edelweiß", kamen geschätzt 130.000 deutsche Soldaten ums Leben, der hohe Verschleiß an Vorgesetzten ist also wenig verwunderlich.

Zeit kommen die Flieger bei Nacht ganz fleißig, aber die Bomben fallen immer weiter von uns! Lebe wohl, auf Wiedersehen! Gute Nacht!

Osten, den 27.9.1942.

Meine liebe Emma!

Du wirst staunen wenn Du dieses Brieflein mit diesem Stempel erhältst. Ein Kamerad von mir fährt nämlich in Urlaub nach Möhringen und nimmt ihn mit. So kann ich eine Marke sparen, welche ich Dir auch mit einlege. Ja Emma, ich will sehen wann bei mir dieser Tag kommt! Vielleicht in einem Jahr. Aber Emma, wir dürfen deshalb den Kopf nicht hängen lassen, die Hauptsache ist wenn wir uns gesund und munter in der lieben Heimat wiedersehen dürfen!

Es freut mich sehr, daß es Dir immer gut geht, was ich von mir auch schreiben kann. Bei uns geht es immer im gleichen Ton weiter. Das Wetter ist noch immer gut, nur bei Nacht kalt, aber immer noch besser wie voriges Jahr im Mittelabschnitt. Ich glaube, hier wird es nicht so kalt, was auch gut wäre.

Von meinen Eltern erhielt ich letzte Woche eine weniger erfreuliche Nachricht von meinem treuen Rappen. Er war vor der Ernte schon krank, wurde wieder gesund, aber in der Ernte wurde er wieder krank, Rotlauf[15] in den vorderen Füßen. Eine Woche mußten sie ihn stehen lassen. Jetzt ist aber scheinbar das Gröbste überstanden, aber Emma, wie wird es diesen Winter mit ihm werden, wo er weniger Bewegung hat? Am liebsten würden sie einen kaufen, aber an Pferden fehlt es doch auch recht. Wir müssen nun das Allerbeste hoffen. Nach dem Krieg

---

[15] Eitrige Entzündung des Bindegewebes und der Lymphgefäße bei Pferden

werde ich um einen zweiten schauen, wie ich Dir ja schon länger einmal schrieb.

Nun will ich Dir von dem Markt schreiben, was Dich bestimmt interessiert. Vor zwei Tagen kauften zwei Stubenkameraden zwei Liter Milch um 2,60 RM, ein Ei 0,40 RM, zwei gebackene mit einer Tomate 1,80 RM, ein Kilo Honig 17-18 RM, ein Pfund Butter 8,- RM.

Emma, was sagst Du dazu? Da bleibt einem die Spucke weg. Für eine Uhr 200-300 Mark, ja bis zu 1.000 Mark verlangen die Russen. So viel ich aber gehört habe ist aber nun die Polizei dazwischen gekommen, was auch nicht mehr als billig ist. Ich war erst einmal in der Stadt, es wird aber auch das letzte Mal gewesen sein, wir liegen nämlich 2-3 Kilometer weg, wo wir jedenfalls auch über den Winter bleiben. Seit einem Monat bekommen wir keine Frontzulage mehr, und dann noch diese Preise, da bleibt man lieber wo man ist, in den paar Stunden am Sonntagmittag wo wir frei haben, und ruht aus. Wir stehen jeden Tag um 5 Uhr auf, und haben Dienst bis abends 17 Uhr, ja diesen Sommer war schon um 4 Uhr Wecken. Meine liebe Emma, alles vergeht, auf jeden Dezember folgt wieder ein Mai[16]!

Sei nun viele tausend Mal gegrüßt aus weiter Ferne, von Deinem treuen

Georg

Wie lange bist Du noch auf Deinem „Hof Mauer"? Lebe wohl, auf Wiedersehen! Gute Nacht!

---

[16] Aus dem berühmten Durchhalteschlager *„Es geht alles vorüber"* aus dem Jahre 1942! Textzeile: „Es geht alles vorüber, es geht alles vorbei, auf jeden Dezember folgt wieder ein Mai"!

Solang die Reben Trauben tragen,
und die Hunde bellen,
und die Katzen Mäusen fressen,
so lange werde ich Dich nicht vergessen!

Sonntag, den 18.10.42.
Meine liebe Emma!

Habe gestern Deine zwei lieben Päckchen mit großer Freude erhalten, vielen Dank dafür. Du bringst es scheinbar nicht übers Herz mir nichts zu schicken. Wie ich Dir doch schon oft geschrieben habe brauchst Dir keine Sorgen machen, obwohl es mich ja sehr freut! Alle beide kamen gut an, die Wurst kann ich noch aufheben bis es wieder hungriger wird wie zur Zeit. Von zu Hause bekomme ich auch zur Zeit viele Päckchen. Heute kamen zum Beispiel fünf an, mach Dir aber keine Sorgen deswegen!

Gestern früh ging ein Kamerad von Untertürkheim in Urlaub mit dem Flugzeug. Ich habe ihm einen Brief mitgegeben, welchen Du in einigen Tagen erhalten wirst. Ja, wann kommt bei uns mal die Zeit? Ich warte ja noch gern, wenn ich nur wieder gesund und munter wie ich fort ging heimkehren darf. Emma, ich hab immer geglaubt Du seist um diese Zeit zu Hause, aber Du schreibst immer noch nichts davon. Das wird scheinbar nichts. Es wird halt soweit kommen, daß ich nach dem Krieg Dich selber holen muß. Wie Du ja schon selber sagtest lässt Deine Frau Dich nicht weg. Ja Emma, so geht's wenn man alles tut was kommt. Hoffentlich ist nun dieses Mädel eine bessere Hilfe, damit nicht alles an Dir hängt. Deine alte hat doch immer nur die jungen Kerls im Kopf gehabt, und Arbeit blieb liegen. Vielleicht ist sie nun allein auf einem Hof, wo die gute Emma fehlt und die Arbeit nicht schafft wo sie nicht will. Sonst geht es immer soweit mir gut, was ich von Dir auch hoffe! Im Urlaub hast mir über Deine Krankheit erzählt, wie ist es nun? Ist es besser, oder warst beim Arzt? Gib mir mal Antwort darüber. Liebste, Du wirst denken der ist neugierig und will doch alles wissen. Aber warum? Wenn wir auch noch nicht verlobt sind, trotzdem gehören wir zusammen wo es kein Geheimnis mehr gibt untereinander, und was wir miteinander tun und treiben und schreiben erfährt sonst niemand.

Für heute möchte ich nun schließen mit der Hoffnung auf ein gesundes und glückliches Wiedersehen! Lege Dir noch ein Brieflein bei von einem Kameraden, welcher ab und zu bei meinen Eltern hilft. Er war schon vor dem Krieg immer bei mir, und jetzt natürlich in dieser Zeit erst recht. Sei nun vielmals gegrüßt und geküßt aus weiter Ferne von Deinem

Georg

Gute Nacht!

Gerstetten, den 18. Okt. 1942.
Liebe Emma!

Recht herzlichen Dank für Deinen lieben Brief und die beiden hübschen Bildchen. Ich habe mich sehr darüber gefreut, dass Du auch mal zu einem langen Brief Zeit gefunden hast. Weisst Du, ich komme ja auch ganz selten zu jemand, da ist ein Brief dann immer eine Freude.

Du möchtest so allerhand von Gerstetten wissen? Deine Erika hat mir erzählt, sie hätte Dir einen sehr

langen Brief geschrieben. Dann wirst Du schon wissen, dass Hans Blankenkorn und Eugen Riemer gefallen sind. Von den beiden war heute Trauergottesdienst. Außerdem von Heinrich Böhringer (auf der Halde). Nun ist letzte Woche von Walter Galler gekommen, dass er in einem Lazarett gestorben ist. Der ist doch erst so alt wie meine Elsa. Es sind in der letzten Zeit ziemlich viele, die in Gerstetten gefallen sind. Ich will nur sehen, wer da noch alles dran kommt.

Babette Zimmermann war einige Zeit in Gerstetten. Seit dem 15. 10. ist sie auf einem Gut in der Nähe von Frankfurt (Main) als Wirtschaftsgehilfin. Ich will sehen, ob und was sie mir mal schreibt. So viel ich weiß ist es ein Gut mit über 300 Morgen. Ausser Babette ist ein Lehrling, ein Pflichtjahrmädel und eine Hausgehilfin da. Wenn sie mir geschrieben hat, schreibe ich Dir davon.

Vor ein paar Wochen war Käthe auch eine Weile bei mir. Sie erzählt halt sehr viel von ihrem Hans. Wenn er in Urlaub kommt, wollen sie sich verloben. Ihre Schwester Babette hat ja auch geheiratet. So viel ich weiss, ist es ein Rheinländer. Käthe ist fast so begeistert von ihm, wie von ihrem Hans. Bei Rosl geht's immer den alten Trab. Über andere Leute unterhält sie sich furchtbar gern und der Arbeit geht sie aus dem Weg, so gut es geht. Jeder, der Rosl kennt, sagt, sie sei früher lange nicht so gewesen. Leonhard ist jetzt auch mehr im Süden. Wie mir Deine Erika erzählte, ist Georg auf der Schreibstube? Hoffentlich geht es ihm ordentlich?

In Gerstetten ist sonst nicht gerade viel los. Heute ist in Steinheim die Gaufilmstelle mit „Geierwally". Nach Gerstetten kommt der Film leider nicht. Im September war ein bunter Abend im Pflug. Es war ein Komiker da. Ich habe mir den Quatsch gar nicht angehört. Und vor vierzehn Tagen war von K.D.F.[17] ein Lichtbildervortrag mit farbigen Lichtbildern: „Vom Gross-Venediger durch die Wachau nach Wien". Ich kann Dir sagen, das waren wunderschöne Bilder. Es muss schon noch schöne Fleckchen geben auf der Welt. Aber bei uns und in der Nähe ist es ja auch nicht übel. So bald ich die Bildchen habe, die ich vor vierzehn Tagen auf dem Ödenturm und Helfenstein aufgenommen habe, schicke ich Dir ein paar. Mit den Rüben sind wir jetzt fertig. Jetzt müssen wir noch feste ackern. Heute haben wir ja allerdings kein schönes Wetter. Das wird auch bei Euch so sein?

Nur vielleicht mit dem Unterschied, dass bei Euch der Sturm nicht so sehr bläst wie bei uns. Hoffentlich ist es morgen wieder besser. Ich kann mir denken, dass ihr noch ziemlich viel ordentliches Wetter brauchen könnt, bis bei Euch die vielen Zuckerrüber herausgemacht sind.

Nun hätte ich es fast vergessen: Alfred Steck hat geheiratet. Ich habe gestaunt als ich die Anzeige in der Zeitung las. Seine Frau ist scheinbar von Königsberg. Auch Martha Keutner soll geheiratet haben. Nun aber Schluss. Sonst wirst Du gar nicht fertig mit lesen. Schreib mir aber bald wieder mal einen langen Brief. Mit herzlichen Grüssen, Deine Freundin

Martha

Ebenfalls Grüsse von meinen Eltern und Elsa. Schreib auch mal Georg einen Gruß von mir.

---

[17] K.D.F. = **K**raft **d**urch **F**reude (Unterorganisation der Deutschen Arbeitsfront, mit dem Ziel die „Bildung einer wirklichen Volks- und Leistungsgemeinschaft aller Deutschen" zu fördern)

Osten, den 22.10.42.

Meine liebe Emma!

Möchte Dir heute mal wieder ein Brieflein schreiben. Hab nämlich gestern von zu Haus so allerhand erfahren. Wie sie schreiben war meine Mutter bei Dir zu Hause und Erika war scheinbar nur allein da. Dein Vater war fort, und die anderen waren beim Dreschen, denn der Franzose[18] käme am 1.11. zum Trey als Arbeiter.

Wie Erika dann erzählte will sie den Franzosen heiraten, sie sei ganz weg mit ihm. Das Einsperren hat scheinbar nicht viel geholfen! Sie sagte auch noch, Du kommst nicht nach Hause, die Marie müsse im Stall arbeiten. Emma, das würde ich an Deiner Stelle ja auch nicht machen, denn in kürzester Zeit hättest Du den ganzen Stall am Hals. Dein Vater hat durch die Wirtschaft nicht viel Zeit, und die anderen würden eben sich auf Dich verlassen. Ich will aber damit nicht sagen, daß Du fortbleiben sollst, sondern nur vorsichtig in solchen Sachen. Über dieses Thema haben wir im Urlaub ja auch schon gesprochen.

Ja weiter sagte sie noch, eine müße mal beim Vater bleiben. Aber immer wieder auf den alten Trick wie immer! Meine Liebste, als ich gestern Abend das las war ich sehr betrübt. Zuerst wollte es nicht in mich hinein, ich las ihn zum zweiten Mal und ehe ich ins Bett ging noch einmal. Meine Mutter meint ja dazu es sei wohl am besten wenn Erika mal zu Hause bleibe. Emma, ich sehe es auch so kommen. Dein liebes Mütterlein ist ja von ihren Sorgen erlöst, aber wenn Erika so weitermacht, macht sie Deinem Vater noch viele Sorgen. Es ist ja wirklich schade um sie, ich möchte nur wissen warum sie so verrückt ist, da muß doch etwas im Spiel

---

[18] In diesem Fall ein Kriegsgefangener/Zwangsarbeiter

sein. Ich kenne ja auch einen Fall von zu Hause, wo sie nicht zu trennen waren, es waren allerdings beide vom Schwabenland. Gretel Meier von Sontheim und Hans Danner von Neuselhalden, Du kennst doch beide. Ich vermute stark, daß Hans ihr die Unschuld genommen hat und dann immer richtig drauf los ging. Nicht nur Sonntags, sondern auch unter der Woche einige Male, seinen Aussagen nach, was natürlich nicht schön von ihm ist. Und so etwas wird wohl auch bei Erika und dem Franzosen sein. Ich kann es nicht behaupten, aber warum so eine Komödie. Wie Du, oder nein, war es Marie, hat er ja ihr den Himmel versprochen, oder kann's das allein sein? Ich kann sie wirklich nicht verstehen. Wir müssen nun das Allerbeste hoffen, vielleicht bekommt sie doch noch andere Gedanken.

Liebe Emma, nehme es mir nicht für übel, das hat mich gedrückt und ich mußte es Dir schreiben wenn's auch nicht so leicht ging. Es macht Dir nur Sorgen, aber Emma, daran sind wir nicht schuld, und werde ich Dich auch niemals verlassen, darüber braucht man ja keine Zeit zu verlieren.

Vor einigen Tagen träumte es mich, ich sei im Urlaub. Du warst bei mir mit unserem Kind, was war weiß ich nicht, ich weiß nur so viel, daß meine Mutter eine sehr große Freude hatte, und wir beide natürlich auch. Ja Emma, ich hatte einen richtigen Stolz, als ich erwachte war ich in Rußland. Ja Emma, so kann's gehen. Aber Emma, dieser Tag kommt noch einmal wo wir durch's Leben gehen durch Dick und Dünn, wie jetzt schon! Jeden Tag muß ich denken, wenn nur endlich mal der Krieg zu Ende wäre! Dann sind wir aber die längste Zeit bed. gewesen, und auch das Gewünschte muß kommen! Es wird nämlich so langsam jetzt Zeit damit! Was meinst Du dazu?? Hans Heinke seine Braut sei auch nach Hause, aus welchem Grund weiß niemand. Wie er mir schrieb war er ja im Urlaub, aber geheiratet nicht. Vor einem Jahr sagte er, sie wolle mit aller Gewalt ein Kind, aber es habe noch Zeit, meinte er. Einesteils hat sie ja Recht, sie schafft nun die Arbeit, geht's schief ist alles umsonst, was nicht ist wenn ein Kind da wäre. Hat er nun im Urlaub nochmal den elterriegen gespielt. Was er im Kopf hat muß ausgeführt werden, da kenn ich ihn auf diese Weise nun zu gut. Ja, uns kann's egal sein was andere machen. Aber Emma, sei mir nicht böse über dieses Brieflein, es kam mal wieder so richtig vom Herzen, da und heißt es eben auch, nach Regen folgt Sonnenschein! Sei nun vielmals gegrüßt und geküßt aus weiter Ferne von Deinem

Georg

Gib mir bitte bald Antwort! Lebe wohl, auf Wiedersehen! Gute Nacht!

Osten, den 29.10.42.
Meine Liebste!

Will auch mal Dir wieder ein Lebenszeichen von mir geben, daß Du auch weißt, daß ich am Leben bin. Bin immer gesund und munter, was ich von Dir auch hoffe! Das ist ja immer die Hauptsache im ganzen Leben. Aber das Essen, Emma, ist nicht am besten, der Hunger begleitet uns immer.

Wenn um 11 Uhr Essen ist, hast um 2 Uhr schon wieder Hunger. Sei nur froh, daß Du es besser hast! An Arbeit fehlt es ja Dir nicht, aber zu essen hast immer genug.

Ich weiß nicht warum ich Deine Post so ungleichmäßig erhalte. Vier Wochen überhaupt nichts, und dann zwei Briefe auf einmal, schon zweimal war das der Fall. Diesmal geht es anscheinend auch so. In der Zwischenzeit wirst ja etliche Briefe von mir erhalten haben von Urlaubern, die sie mitnahmen. Mein letzter wird Dir ja das Herz schwer gemacht haben, aber sei mir bitte nicht böse. Im Leben kommt eben allerhand, aber nach Regen folgt Sonnenschein! Emma, ich habe eine gute Hoffnung auf ein glückliches Wiedersehen, daß wir unser Leben froh und fröhlich verbringen dürfen. Ja, es ist ewig schade, daß unsere Jugendzeit in eine solche Zeit gefallen ist. Aber Emma, das wollen wir noch nachholen, und wenn es auch noch Jahre geht. Am besten wäre, wenn der Krieg bald zu Ende wäre, damit ich Dich von Deinem Hof holen könnte, sonst kommst Du doch nicht weg. Oder gehst am 15.11. nach Hause? Du läßt gar nichts mehr davon hören. Gib mir doch mal darüber Bescheid.

Wünsche Dir nun alles Gute und viel Glück, von Herzen zu Deinem Geburtstag. Leider kann ich Dir keine Freude machen, denn kaufen kann man hier kein Geschenk, alles ist viel zu teuer.

Zum Beispiel ein Ei 90 rf, ein Pfund Butter 18,- RM, und auch für Uhren bis zu 1000,- RM. Möchte nun für heute schließen mit der Hoffnung, auch von Dir bald wieder was zu hören!

Sei viel tausend Mal gegrüßt und geküßt von Deinem

Georg

Osten, den 12. 11.1942.

Meine liebe Emma!

Noch schnell einige Zeilen aus weiter Ferne von Deinem Liebsten. Morgen fährt nämlich ein Kamerad von mir in Urlaub, und nimmt diesen Brief mit. Und wer weiß wann ich wieder Zeit erhalte zum Schreiben. In Gedanken bin ich ja alle Tage bei Dir, aber zum Schreiben fast keine Zeit. Abends bist dazu immer so müde, ja oft zu müd zum Schreiben, und um 7 Uhr oder 8 Uhr liegt schon alles im Nest, denn um ¼ 5 Uhr heißt es jeden Tag raus, um 5 Uhr ist Antreten und dann Dienst bis wieder Nacht wird.

Wie geht es Dir immer? Hoffentlich gut, was ich so weit von mir auch schreiben kann. Morgen hast nun Geburtstag, ja Emma, ich will sehen wann wir ihn zusammen mal feiern können. Wie ich sehe bist Du ja immer sehr besorgt um mich, ja Emma, ich kann es gut verstehen, man lebt eben immer in einer Ungewißheit, was alles noch kommt wissen wir nicht. Ob wir Jüngeren hier bleiben oder auch direkt an die Front kommen weiß ich nicht, das ist oft schnell vorbei, trotzdem aber Kopf hoch, wenn's auch schwer fällt, es geht alles vorbei! Auf jeden Dezember folgt wieder ein Mai! Sei vielmals gegrüßt aus weiter Ferne von Deinem

Georg

Osten, den 21.11.42.

Meine liebe Emma!

Für Deinen lieben Brief vom 3.11. recht herzlichen Dank. Heute erhielt ich mal reichlich Post, von Marie zwei Päckchen und von zu Hause ein Kilopäckchen und fünf kleine, da siehst Du also es geht mir nicht schlecht.

Wie ich sehe bist Du immer sehr um mich besorgt, was sehr nett von Dir ist.

Ja Emma, was haben wir beide in unserer Jugendzeit voneinander gehabt? Immer fort voneinander. Aber das geht alles vorbei, Liebste! Die Hauptsache ist wenn wir uns nur gesund und munter wiedersehen dürfen, dann wollen wir uns unser Leben irgendwie möglichst gemütlich machen und das alles nachholen was wir bis jetzt versäumt haben. Wenn Du nun nach Hause kommst geht es Dir gottlob auch ein wenig leichter, was mich sehr freut. Zu Hause gibt es ja auch Arbeit, aber da bist Du doch freier. Vielleicht will Deine Erika dann fort? Ja Emma, die lassen wir eben machen was sie will.

Wie Deine Freundin Martha mir schreibt bin ich bei ihr nun gut angeschrieben, im letzten Brief hab ich es auch schon gemerkt. Ich glaube, sie hat nun eine große Freude daß Du nach Hause kommst. Denn sie schrieb mir, es sei alles so leer und nur fremde Leute im Hause seit Dein liebes Mütterlein Abschied nahm. Ja Liebste, ich hab mir seither schon oft Gedanken gemacht. Es mußte schon so sein, daß ich diesen letzten Sonntag noch nach Hause fuhr und bei Deinen Eltern auch Abschied nahm. Dir wollte es ja nicht ganz recht sein, denn der Sonntag war versaut, wir konnten nur noch einige Stunden miteinander verbringen. Ich mußte Dir damals ganz Recht geben, aber nun bin ich froh, daß ich doch noch bei Deiner Mutter war.

Ich möchte Dir auch dringend ans Herz legen, geh mal zu meinen Eltern wenn mal Zeit hast, denn wir können doch nicht Verlobung feiern wenn Du Deine zukünftige Heimat nicht vorher gesehen hast. Das glaubst doch auch! Ich rechne so bis im Sommer oder Herbst mit Urlaub, und dann Verlobung feiern wenn es Dir recht ist! Gold habe ich zu unseren Ringen[19], daran

---

[19] Gerade im Osten wurde beim Vormarsch der Wehrmacht viel geplündert, denn als einfacher Soldat kam man nur so an Gold heran. Entweder stahl man dafür Schmuck von der Bevölkerung, oder noch schlimmer, man schlug den Toten, und manchmal auch noch den Lebenden, die Goldzähne aus, um diese trotz eines offiziellen Verbots nach Hause schicken zu können.

fehlt es also nicht. Ich glaube, daß Du auch mit einverstanden bist und hoffentlich sieht man bis dahin dem Ende bald entgegen von diesem grausamen Krieg.

Liebste, ich bin vor allem sehr beruhigt daß Du immer gesund und munter bist was bei mir soweit auch der Fall ist. Zur Zeit bin ich wohl revierkrank, bin nämlich gefallen und hab es richtig im Kreuz, aber in einigen Tagen wird es schon wieder vorbei sein.

Liebe Emma, es wäre halt am besten wenn der Krieg bald ausginge damit wir nach einem Kleinen schauen und Hochzeit machen könnten! Was meinst Du dazu? Das Alter hätten wir ja nun und mir geht es so wie Dir, Emma, es muß doch goldig sein wenn man so zu Hause beisammen ist und sagen kann, das ist unser Kleines! Ja Emma, es geht alles vorüber, es geht alles vorbei, auf jeden Dezember folgt wieder ein Mai! Kommt immer im Radio. Ach so, das hätte ich noch fast vergessen, ich hab nämlich vor vier Wochen ein Radio gekauft, welches einem über vieles hinweg hilft! Sei nun viel tausend Mal gegrüßt und geküßt von Deinem

Georg

Sonntag, den 6.12.42.
Meine liebe Emma!

Will Dir heute mal wieder ein Lebenszeichen von mir geben, obwohl die Reihe an Dir wieder wäre, aber ich weiß es selber wie es zu Hause ist. Überhaupt wenn man noch in der Fremde ist, und immer so viel Arbeit hat wie Du. Ja Emma, bei uns ist es auch anders geworden, bei Tag gibt's überhaupt keine Zeit mehr, und bei Nacht kaum Licht. An Platz fehlt es auch, wir haben nämlich ein Zimmer mit acht Mann, welches nicht einmal so groß ist wie Deine Stube. Da kannst Dir's ja denken wie eng es zugeht.

Wie geht es Dir immer? Hoffentlich gut, was ich gesundheitlich von mir auch schreiben kann. Sonst geht es immer mit Hochdruck tagtäglich. Ich glaube daß bei uns hier nicht viel Schnee gibt. Bis jetzt haben wir noch keinen gehabt, welcher liegen blieb. Es wäre besser wenn's zugefrieren würde, als so eine Sauerei wo unbeschreibbar ist. Der Feldweg vom Hof nach Ditzingen ist ja schlecht, aber doch 80% besser wie unser Gelände. Emma, das ist tatsächlich. Wenn nur der Tag bald kommen würde wo wir dieses Land verlassen dürften.

Liebe Emma, in den letzten Briefen von meinen Eltern fragten sie ob ich bis zur Konfirmation meiner Anna nicht in Urlaub kommen könnte, was ja nicht möglich sein kann. Vor drei Tagen kam wieder Post von meiner Mutter, worin sie fragt ob Du nach Hause kommen würdest. Sie meint wenn Du nicht kommst ob Du vielleicht an der Konfirmation nicht kochen könntest. Ich hab drauf geantwortet, daß Du bis dahin schon längst zu Hause seist wo dann meine Mutter noch selber mit Dir reden kann. Emma, Du tust mir eine große Freude wenn Du den Wunsch meiner Mutter erfüllst. Das macht nichts, wenn die Sontheimer auch klotzen, überhaupt wird das nicht so schlimm wie Du immer meinst. Glaub es mir! Schöner wäre es ja freilich, wenn ich auch dabei sein dürfte, aber wie gesagt, das kann nicht sein. Ich rechne so bis im Juli/August auf Urlaub. Also Emma, mach Dir nicht so viele Gedanken darüber, es ist nicht so schlimm wie Du glaubst. Ja, zeig ihnen nur, daß Du den Mut hast zu kommen, auch ohne mich! Ich hoffe nun auf diesen Brief bald Antwort von Dir zu erhalten.

Was machen die Flieger zur Zeit bei Euch? Wie ich hörte waren sie in Stuttgart und Umgebung. Ein Kamerad von mir erhielt die traurige Nachricht, daß sein Haus und Werkstatt fliegerbeschädigt sei. In nächster Zeit darf er nun in Urlaub fahren.

Möchte nun für heute schließen mit der Hoffnung, auch bald wieder einige Zeilen von Dir zu erhalten. In diesem Sinne, sei vielmals gegrüßt und geküßt aus weiter Ferne, Dein

Georg

Gute Nacht!

Osten, den 11.12.42.

Meine liebe Emma!

Für Deinen lieben Brief recht herzlichen Dank, welcher mich sehr erfreute! Ich war ganz erstaunt als ich sah, daß Du zu Hause bist. Daß es so schnell geht hätte ich doch nicht geglaubt, ich bin nun sehr gespannt was da der Grund war. Wie ich sehe hast Dich nun ganz gut eingelebt, was mich auch sehr freut! Emma, Du meinst scheinbar ich glaube, daß Du keine rechte Bäuerin mehr bist, das glaub ich niemals, das könntest Du von mir besser glauben. Am liebsten wäre ich ja in Gottes freier Natur, als immer im Betrieb oder Werkstatt. So und mittags machst Du noch die Wirtin und wir sehen gar kein Bier, viel weniger eines trinken. Liebe Emma, das gibt mal recht brave Ehemänner! Tagtäglich zu Hause bei Tee und Kaffee, ja wir können nicht einmal ins Kino, denn Sonntag gibt es hier auch keinen. Meinen Brief vom 6. des Monats wirst nun auch erhalten haben, welcher ja noch auf den Hof ging. Nun kannst Du ja den Wunsch meiner Mutter mit ihr persönlich ausmachen. Aber wie gesagt, eine größere Freude könntest Du mir nicht mehr machen! Wie ich sehe hat es bei Euch ziemlich viel Schnee. Bei uns hat es bis jetzt überhaupt noch gar keinen. Heute Nacht war es zum zweiten Mal gefroren. Die Sauerei ist um desto größer, weil es hier regnet anstatt schneit. Sonst ist soweit alles beim Alten! Tagtäglich geht es mit Hochdruck.

Wünsche Dir recht fröhliche und glückliche Weihnachten, in der Hoffnung das nächste zusammen feiern zu können. Bestelle auch viele Grüße und fröhliche Weihnachten an Deine Erika, Vater und an Marie mit Kindern von mir. Möchte nun für heute schließen, denn wir haben zur Zeit kein Licht und natürlich auch keine Musik, was uns am meisten ärgert! Sei nun vielmals gegrüßt und geküßt aus weiter Ferne, von Deinem

Georg

Osten, den 20.12.42.
Meine liebe Emma!

Will Dir heute am Sonntag auch noch einige Zeilen schreiben. Wie geht es Dir immer? Hoffentlich gut, was ich von mit gottlob auch schreiben kann!

Nun geht es vollends schnell Weihnachten zu, will sehen ob wir frei bekommen! Sonntag gibt's nämlich keinen! Es ist alle Tage gleich, Arbeit über Arbeit, wenn nur das Essen auch so wäre! Aber leider! Sei nur froh, daß Du auf dem Land bist, da ist es doch immer noch etwas besser wie in der Stadt. Auch ruhiger mit den Fliegern, in Stuttgart und Umgebung müssen sie ja grausam gehaust haben!

Ja in der Heimat müssen die tollsten Sachen passieren, wie ich von Urlaubern erfahren habe. Frauen mit zwei und drei Kindern gehen neben raus, wo bei manchen etwas nach kommt. Liebe Emma, was mag das für ein Wiedersehen geben. Ja wie viel Elend, Kummer und Sorgen hat der grausame Krieg schon mit sich gebracht, aber mit solchen Menschen hab ich kein Erbarmen! Mir tun nur die Männer leid, wo draussen stehen und daheim es so aussieht.

Mein Bruder ist nun auch fort, was ja für ihn kein Fehler ist, im Gegenteil, aber meine Eltern haben um so mehr Arbeit. Wenn es nur bald einem Ende zuginge, damit wir nach Hause könnten und bald Hochzeit machen! Meinst nicht auch? Du schreibst nun gar nichts mehr darüber. Ja Liebste, wir wollen das Allerbeste hoffen.

In diesem Sinne sei vielmals gegrüßt und geküßt aus weiter Ferne von Deinem

Georg

Münchingen, 27.12.42.

Liebe Emma!

Ihren Koffer werden Sie wohl erhalten haben, mein Mann hat ihn fortgeschickt. Mit Ihren Schuhen ist es noch nichts, ich war jetzt zweimal bei Kau, aber er hatte immer keine Zeit um sie zu suchen. Er sagte, ich solle nach Weihnachten wieder kommen, wenn er besser Zeit hat. Sie müßen sich halt noch ein bißchen gedulden, wir schicken sie sobald wir sie haben.

Wir wünschen Ihnen viel Glück zum neuen Jahr, und senden Ihnen viele Grüße.

Familie Heck

Osten, den 28.12.42.

Meine liebe Emma!

Will Dir heute mal wieder einige Zeilen schreiben, obwohl die Reihe an Dir ist. Zuerst will ich Dir meine Weihnachtserlebnisse erzählen, was Dich bestimmt interessiert. Am heiligen Abend hatten wir bis 12 Uhr Dienst, anschließend wurde die Werkstatt aufgeräumt, zum Gabentisch und Weihnachtsbaum. Um 17 Uhr war dann unsere kleine Weihnachtsfeier. Mit dem Geschenk war jeder recht zufrieden. In meinem Karton war zum Beispiel folgendes drin: ca. 10-12 Briefumschläge, ein Schreibblock, ein Nähzeug, ein paar Hausschuhe, eine Tafel Schokolade, Drops und Brötchen. Ferner gab es noch einen Liter Punsch, und einen halben Liter Likör und einen Weihnachtsstollen. Emma, da kann man doch zufrieden sein im vierten Kriegsweihnachten. Am Weihnachtsfest hatten wir frei, kamen nicht einmal aus der Stube. Ja, die Hälfte der Zeit lagen wir auf der Falle. Am zweiten Feiertag ging es dann im alten Ton weiter.

Wie geht es Dir immer? Hoffentlich gut, was ich von mir auch schreiben kann. Schnee haben wir immer noch keinen, aber etwas kälter ist es geworden, was ja gut ist.

Möchte für heute nun schließen, in der Hoffnung daß im Jahr '43 unsere heiß ersehnten Wünsche in Erfüllung gehen mögen! Sei vielmals gegrüßt und geküßt aus weiter Ferne von Deinem

Georg

Auch viele Grüße an Erika und Vater! Und Marie mit Kindern! Lebet wohl, auf Wiedersehen!

Neujahr 1943.

Meine liebe Emma!

Die ersten Zeilen gehören Dir in der Hoffnung, daß dieses Jahr unsere Wünsche in Erfüllung bringt. Wie hast das alte ausgemacht? Hoffentlich gut, was ich von mir auch schreiben kann. Unser Hauptmann hat uns mit rührigen Worten vom alten ins neue geführt. Jeder war mit seinen Gedanken bei seinen Lieben in der Heimat. Ja Emma, in diesem Augenblick war es so ruhig wie in der Kirche, bei manchem gab es fast Tränen. Liebe Emma, da lernt man erst die Heimat zu schätzen.

Liebste, was ist denn mit Deiner Post? Ich hab nun erst einen Brief seit Du zu Hause bist von Dir, das kann doch nicht sein? Jeden Tag warte ich, aber immer vergebens. Du weißt es ja selber wie das Warten ist. Ich hoffe aber nun, daß Du über die Feiertage auch für mich mal ein wenig Zeit gefunden hast. Ich kann es mir ja denken wenn Du die Wirtin machst, daß da die Zeit und Gelegenheit auch knapp ist. Aber es freut mich, und wenn es nur einige Worte sind. Aber wie gesagt, nun sind es schon vier Wochen!

Zu Hause müssen ja die tollsten Sachen passieren. Ein Stubenkamerad kam wieder vom Urlaub zurück, welchen er mit seiner Braut zusammen bei ihm zu Hause verbracht hatte. So nach vier Tagen bekam er von ihr einen Brief worin sie schilderte, daß sie mit einem anderen Verkehr hatte und wahrscheinlich was nach kommt. Der Arzt konnte es bis jetzt noch nicht ganz feststellen. Liebe Emma, ich kann Dir nur sagen, es ist unglaublich wie so eine Nachricht wirkt. Eine andere Frau mit zwei Kindern bekam Zwillinge wo der Mann schon 22 Monate im Feld war. Emma, das ist doch mehr als Unglück! Beim andern warfen die Engländer das Haus zusammen, einfach die Sorgen gehen nicht aus. Das heißt diese

Sorgen brauche ich mir ja nicht machen, und wenn wir Jahre voneinander sind.

Und nun eine andere Sache, und zwar vom Urlaub! Es kann bälder kommen als ich bis jetzt immer rechnete, ja vielleicht schon im nächsten Monat. Meinen Wunsch weißt Du ja, hoffentlich ist es Dir auch recht mit der Verlobung!

Lege Dir eine Luftpostmarke bei in der Hoffnung <u>bald</u> Antwort von Dir zu erhalten! In diesem Sinne sei vielmals gegrüßt und geküßt aus weiter Ferne von Deinem

Georg

Auch liebe Grüße an alle anderen!

Sonntag, den 17.1.43.

Meine liebe Emma!

Deinen Brief vom 23.11. habe ich auch nun erhalten, herzlichen Dank dafür! Nun warte ich tagtäglich auf Nachricht von Dir, aber immer vergebens. Das kann doch nicht sein, daß Du am 2.12. das letzte Mal mir geschrieben hast, so lange hast es doch noch nie anstehen lassen. Und über die ganzen Feiertage auch noch, da gab es doch bestimmt Gelegenheit. Oder bist Du krank? Ich stehe vor einem Rätsel und weiß nicht was sagen! Am 1. schrieb ich Dir einen Luftfeldpostbrief und auch noch keine Antwort! Seid Ihr vielleicht eingeschneit dort oben? Ich will nun sehen wie lange ich noch warten muß. Bei uns gibt es ja auch nicht viel Zeit zum Schreiben, aber für Dich hab ich noch immer Zeit gefunden! Von Deiner Schwester und von Deinem Bruder bist ja sehr reichlich zum Geburtstag beschenkt worden, da muß ich mich schämen, aber es konnte leider nicht anders sein in diesem Land, das weißt ja selbst.

Seit zehn Tagen haben wir nun 15-20° Kälte, und ein wenig Schnee. Bis in 6-8 Wochen soll es aber mit dem Winter schon vorbei sein. Es kann also nicht schlimm sein! Die Freude mit dem Urlaub fiel ins Wasser, er ist für alle gesperrt! Urlaub ist nun ein großes Fragezeichen!

Für heute möchte ich schließen mit der Hoffnung, in nächster Zeit auch von Dir nach langer, langer Zeit mal wieder ein Brieflein zu erhalten! Sei nun vielmals gegrüßt aus weiter Ferne von Deinem

Georg

Osten, den 2.2.43.

Meine liebe Emma!

Will auch mal wieder einige Zeilen von mir hören lassen. Wie geht es Dir immer? Hoffentlich gut, was ich von mir zum größten Teil auch sagen kann. Ich habe nämlich die Stimme verloren, Schmerzen habe ich keine, es liegt an den Stimmbändern und am Kehlkopf, aber es wird schon wieder recht werden!

Liebe Emma, bei uns ist alles gesperrt außer Luftpost. So wirst nun in nächster Zeit wenig Post von mir erhalten, denn die Marken sind knapp. Ich lege Dir eine bei, damit Du mir Antwort geben kannst. Ich weiß nun nicht ob Du meinen letzten Brief vom 19.1. erhalten hast, das heißt am 17. habe ich auch geschrieben, aber da fing gerade die Sperre an, was im Radio nicht kam. Wie ich an Deinem letzten Brief sehe hast Du immer noch kein richtiges Vertrauen zu mir, Du meinst scheinbar ich werde Dir nicht hilfsbereit sein, im Gegenteil Dich ins Unglück stürzen. Mir scheint Du hast Deinen Mut wieder verloren, ich möchte nur wissen wer Dich wieder beeinflußt hat. Emma, das ist nur wieder das gleiche Thema welches ich Dir doch schon längst klar gemacht habe, und fast ein Blödsinn ist darüber zu reden. Ich weiß, es ist schwer für ein Mädel aber einmal muß die Entscheidung fallen!

Also hab Vertrauen zu mir, aus welchem die echte Liebe zueinander kommt. Wenn das Vertrauen fehlt hat alles keinen Wert. Daß Du im Urlaub mit mir nicht zufrieden warst kann ich verstehen, aber im nächsten wird's anders, darauf kannst Dich verlassen. Wenn es Dir bis dahin zu lang ist, und so ein angeführter Fall eintreten würde, was ich ja nicht glaube, dann wäre meine Geduld zu Ende! Hoffentlich hast Du nun den Entschluß gefaßt mit dem Kochen an der Konfirmation meiner Schwester. Nicht immer vielleicht oder ich möchte, Emma, bei uns gibt es nur Ja oder Nein, leben oder sterben.

Und ich will Dir ein lieber, hilfsbereiter Lebenskamerad werden, wo es nichts unmöglich ist. Aber eines muß ich Dir ans Herz legen; sei nicht so zaghaft und schreibe mir ruhig was Dein Herz bewegt, ich bin doch kein Kind mehr, und hab schon manches durchgemacht. Emma, Du mußt offenherziger werden und nicht alles in Dich hineindrücken! Das ist schon immer mein Gefühl, und ich täusche mich auch nicht. Wie ich Dir ja schon schrieb ist es meine größte Freude wenn Du den Wunsch meiner Mutter erfüllst, denn wie gesagt kannst meine Eltern und alles näher kennenlernen, was Dich bestimmt sehr interessiert. Im nächsten Brief von Dir erwarte ich die Antwort, wenn Du aber es ablehnst oder überhaupt mir nichts davon schreibst bin ich sehr beleidigt. Es ist mein <u>Ernst</u>! Emma, ich möchte oder muß nun endlich mal klar sehen, weißt so etwas halbes liebe ich nicht! In diesem Alter muß man selber wissen und handeln können!

In diesem Sinne möchte ich für heute schließen, und hoffe auf baldige Antwort von Dir! Sei vielmals gegrüßt und geküßt aus weiter Ferne von Deinem

Georg

Auch viele Grüße an Erika, Vater, Marie und Kindern! Lebet wohl, auf Wiedersehen in der lieben Heimat! Aber wann? Und wenn das Schicksal es will, daß wir uns nicht mehr sehen dürfen, so vergiß nicht mein! Gute Nacht! Deinen Grund hast mir immer noch nicht geschrieben über Dein schnelles Gehen vom Hofe!

Osten, den 8.3.43.
Meine liebe Emma!

Deinen lieben Brief habe ich mit Freuden erhalten, vielen Dank dafür. Das ist der zweite Brief, den ersten hatte ich gerade geschrieben gehabt da bekam ich Deinen Brief, und muß somit nochmal einen schreiben, was ich ja gern mache. Wie ich sehe hast Du große Sorge um mich, und will somit Dir Deinen Wunsch gleich erfüllen. Mir geht es soweit immer gut, was ich auch von Dir sehe, und das ist auch die Hauptsache. In Krasnodar sind wir nicht mehr, wir liegen 18 Kilometer vor Temrjuk, und kommen in Bälde auf die Krim. Hoffentlich ist es dort dann besser wie hier. Wie es hier aussieht ist unbeschreibbar, alles grundlos.

So 10-15 cm sind wir tagtäglich im Wasser und Dreck, die Stiefel werden nicht mehr trocken. Untergebracht sind wir in Lehmhütten, sogar der Boden ist aus

Lehm. Holz kennt man hier nicht, zum feuern nehmen sie Schilf, kein Licht, kein Radio. Das Wasser muß man am Brunnen holen, und so ist es von A-Z. Und kaufen kann man auch nicht viel, in letzter Zeit haben wir für 75,- RM Kartoffeln gekauft, es waren wenn's gut geht 70 Pfund. Geld spielt ja keine Rolle wenn man einen Salat mal wieder will, aber sonst hab ich noch nicht viel gekauft, das hat auch keinen Wert.

In Deinem vorletzten Brief fragst Du ob ich noch an meinem alten Platz bin, ja Emma, den werde ich nicht so leicht wieder los, wo es mir soweit auch immer gut geht. Hier können sie nämlich nicht so oft wechseln, jeder muß eingeschafft sein und das geht nicht so schnell, es sind tausende Teile wo man wissen muß wo sie hingehören. Mache Dir also keine Sorgen um mich, hoffentlich kommen wir gut übers Wasser, dort ist jedenfalls die Post auch wieder offen. Alle unsere Urlauber kommen nicht mehr zurück, sie wurden scheinbar woanders eingesetzt. Stalingrad![20]

Ja Liebste, es freut mich sehr, daß auch Herrn Bühler den grauen Rock wieder anziehen muß. Vielleicht findet er nun einen besseren Kameraden als mich. Weißt, er sagte immer zu mir; Schors, wir müssen nun die Zeit ausnutzen, zu Hause müssen wir wieder brav sein. Wie es ausging weißt Du ja auch, und von diesem Tag an ist er für mich erledigt.

Am meisten freut mich noch, daß Du doch noch meinen Wunsch erfüllst. Meine Mutter und Schwester werden ja schon persönlich bei Dir gewesen sein, und es wird nun alles in Ordnung gehen. Ich selber kann ja leider nicht dabei sein, aber es geht alles vorüber, es

---

[20] Im Winter 1942/43 starben bei der Schlacht um Stalingrad knapp 150.000 Wehrmachtssoldaten. Weitere 110.000 Soldaten gingen in russische Kriegsgefangenschaft, davon kehrten später nur noch 6.000 Mann in die Heimat zurück.

geht alles vorbei, nach jedem Dezember folgt wieder ein Mai, und zwei die sich lieben, die bleiben sich <u>treu</u>!

Meinen Wunsch hab ich meiner Schwester ja schon geschrieben, um ein Bild zur Erinnerung an ihre Konfirmation. Ich bin nun gespannt wie es Dir bei mir gefällt, und wie gesagt, kannst meine Eltern und meinen Betrieb kennenlernen, bevor wir dann Verlobung feiern. Welche ja im nächsten Urlaub Thema Nummer <u>Eins</u> ist. Weißt, was ich im Kopf habe, da lasse ich nicht gleich nach, und das Alter haben wir ja nun auch, und verheiratet ist es immer noch nicht, das langt dann noch nach dem Kriege. Ja, wenn er nur bald ausginge, und ich wieder mit aufs Feld könnte. Dein langersehnter Wunsch ging ja noch in Erfüllung! Ach, noch eine Frage: was war denn der Grund, daß Du so schnell vom Hof Abschied nahmst?

Möchte nun für heute schließen mit der Hoffnung, daß Du mit den meinen gesunde und fröhliche Konfirmation feiern darfst. In diesem Sinne grüßt und küßt Dich herzlich Dein treuer

Georg

Lebe wohl, auf Wiedersehen in der lieben <u>Heimat</u>!

Osten, den 28.3.43.
Meine liebe Emma!

Nun endlich bin ich aus dem Hexenkessel herausgekommen, und bin nun seit gestern in Simferopol, die Hauptstadt von der Krim. Heute sind es vierzehn Tage, daß wir auf der Fahrt sind. Emma, das war mehr als ein Zigeunerleben, dreimal kam ich zum Waschen, die meiste Zeit im Omnibus, da gab es Läuse welche uns sehr zu schaffen machten, ja es war furchtbar. Schlafen konnte man fast nicht. Dann endlich und endlich wurden wir verschifft (Straße von Kertsch). Von da aus fuhren wir über 200 Kilometer mit unseren Autos nach hier. Heute früh waren wir nun bei der Entlausung, und mal wieder richtig gebadet, was schon lange fehlte. Ja Emma, nun kannst wieder ruhiger sein, hier ist es weit an die Front. Ja, es ist oft gut wenn Ihr in der Heimat nicht alles wißt, sonst würdet Ihr manchmal nicht schlafen. Es ist auch oft umgekehrt. Wir dürfen Gott danken, daß das Wetter so schön war, sonst wären wir nie durchgekommen vor Dreck, und tagtäglich kam der Russe im Tiefangriff. Aber wir hatten immer Glück, hoffentlich bleibt es auch fernerhin so!

Meine Liebste, heute und in den letzten Tagen bin ich immer in Gedanken bei Dir und den meinen. Nun ist die Konfirmation schon vorbei, ja leider auch ohne mich, aber ich bin froh, daß ich so weit bin.

Und nun Emma, wie hat es Dir gefallen? Ich verlange von Dir nun das Du mir alles schreibst, auch das was Dir nicht gefiel, damit ich mich jetzt schon danach richten kann. Weißt, wenn ich in Urlaub immer kam sah ich auch manches was mir nicht gefiel, aber ich sagte nichts, es ist eben zu viel Arbeit für meine Eltern. So einen kleinen Einblick wirst nun bekommen haben, und ich hoffe, daß es Dir soweit gefallen hat, damit in meinem nächsten Urlaub ein anderes Fest steigen kann! Ja Emma, das muß einen schönen Urlaub geben. Emma, da gibt es manches zu erzählen, was brieflich nicht geht. Eine Luftpostmarke kann ich Dir leider nicht mehr senden, aber nun geht wieder die normale Briefpost.

Für heute möchte ich nun schließen mit der Hoffnung, daß Du Dein Herz mir wieder ausleerst. Denn wie gesagt, ich setze mich überall ein für Dich, verlaß Dich drauf, ich weiß was ich will!

Sei nun vielmals gegrüßt und geküßt von Deinem

Georg

27.4.43.
Meine liebe Emma!

Soeben habe ich Deinen lieben Brief vom 14. erhalten, recht herzlichen Dank dafür. Wie ich sehe hast Du meinen letzten Luftfeldpostbrief noch nicht erhalten, ich möchte nur wissen wo der wieder rumfährt. Ich sollte nämlich schon längst Antwort darauf haben. Vielleicht geht es wie immer!

Wie ich sehe hast immer viel Arbeit, sogar am Sonntag. Mit der Feldarbeit seid Ihr ja auch schon weit, und hier will es gar nicht grün werden, es ist ja kaum zu glauben, so weit im Süden. Seit ein paar Tagen ist es sehr warm, Frühling gibt es keinen. Nachts ist es aber immer kalt, ein ganz sonderbares Klima welches man gewohnt sein muß, glaub es mir!

Nun, mit dem Urlaub kann ich Dir immer noch nicht Bescheid sagen, wie ich weiß bin ich nun der Dritte an der Reihe, aber wann der Tag kommt weiß ich noch nicht. Ich rechne natürlich im Mai, prima, was? Sobald ich's weiß, teile ich's Dir auch per Luftfeldpostbrief mit! Zur Zeit ist ja ein Hin und Her, keiner weiß wo er hinkommt. Einige kommen wieder übers Wasser auf den Brückenkopf[21], bis jetzt bin ich noch nicht dabei.

Ja, wie geht es Dir sonst immer? Hoffentlich gut, was ich von mir auch schreiben kann. Du hast ja scheinbar allerhand auf dem Herzen was Du mir unter

---

[21] Der Kuban-Brückenkopf war beim Rückzug aus dem Kaukasus eingerichtet worden, um später einen erneuten Angriff auf die dort befindlichen Ölquellen zu ermöglichen. Erst im Oktober 1943 wurde er endgültig aufgegeben.

vier Augen sagen mußt, ja Emma, ich auch! Im grünen Wald!!

Wie hast Du die Osterfeiertage zugebracht? Am Karfreitag hatten wir Dienst wie sonst. Samstag war es um 15 Uhr Schluß, ich hatte aber leider Wache, das heißt es war die erste Wache. Um 12 Uhr mittags kam die Ablösung.

Anschließend natürlich frei, sogar noch am Montag. Emma, das waren wir gar nicht mehr gewohnt. Es gab sogar Schnaps, Wein, Likör, also ganz groß! Da konnte man sich so richtig einen hinter die Binde gießen!! Nun geht es natürlich wieder mit neuer Kraft in die alte Scheiße. Mit der Arbeit geht es mir wie Euch. Und sonst ist hier nicht viel los. Gehst in's Kino, dann mußt schon zwei Stunden vor Beginn dort sein, daß Du noch einen Platz bekommst. Bist nun drin kommt eine Stunde später Fliegeralarm, dann gehst nach Hause. So ist es eben im Krieg, daran können wir nichts ändern! Die Hauptsache ist, daß wir immer gesund und munter sind!

Ein Päckchen von Marie erhielt ich auch heute, sage vielen Dank von mir. Wie ich aber sehe muß noch eines kommen, wo Du reingeschrieben hast. Inzwischen wird Marie auch meine Zeilen erhalten haben. Ja, vielleicht haben wir das Glück miteinander in den Urlaub zu fahren. Wie sie schreibt, kann sie es kaum mehr erwarten bis ihr Mann kommt. Ja Emma, Urlaub ist eine große Freude, mir geht es selber so. Überhaupt, diesmal wo Du zu Hause bist, und dann noch im Mai, Emma, da muß es doch wirklich schön werden!? Oder nicht? So allein zu zweit im grünen Wald spazieren gehen zu können, und einander gegenseitig richtig das Herz ausschütten. Jeder Mensch braucht einen Kameraden mit dem er's kann, überhaupt in unserem Alter merkt man das am besten! Oder geht es Dir nicht so?

In der Hoffnung, daß alles mit dem Urlaub vollends klappt grüßt Euch recht herzlich Dein treuer

Georg

Auch viele Grüße an Vater, Erika, Marie mit Kindern! Auf Wiedersehen in der lieben <u>Heimat</u>!

13.5.43.

Meine liebe Emma!

Möchte Dir meine große Freude mitteilen, daß ich in der Nacht vom 14./15.5. hier abfahre. Den Tag wenn ich nun ankomme weiß ich nicht genau, so 20.-21.5. Wie Du also siehst doch noch im Wonnemonat, und Du noch zu Hause, Emma, das muß einen Urlaub geben wie noch nie! Wenn die Zeit gerade günstig ist wenn ich in Heidenheim ankomme, rufe ich Dich an.
    Bis dahin grüßt Dich recht herzlich Dein treuer

Georg

Auch viele Grüße an Vater, Erika, Marie mit Kindern! Auf ein glückliches und frohes <u>Wiedersehen</u> in der lieben <u>Heimat</u>!! Gute Nacht! Alles andere dann mündlich!

+++

Mitte Mai bekam Georg überraschend einen Monat Urlaub, wovon er knapp zweieinhalb Wochen zu Hause verbringen konnte und sich dort am 6.6.1943 mit Emma verlobte. Neun Tage später, am 15. Juni, war er aber bereits wieder bei seiner Truppe im Osten.

+++

15.6.43.

Meine liebe Emma!

Bin heute Morgen gesund und munter bei meinen alten Kameraden angekommen. Ich kann Dir sagen, ein stürmischer Empfang, und als sie noch sahen daß ich verlobt bin, jeder wollte zuerst gratulieren. Emma, das hättest Du sollen sehen, wie mein Wachmann auf mich zusprang, alles war mehr als wie begeistert!

Und nun zur Reise. Kam um ½ 3 Uhr nach Hause, ging nach einer halben Stunde ins Bett, aber dann kam eine schwere halbe Stunde welche zum Schluß mit Tränen endete. Ja ich selber mußte mich ganz und gar zusammen nehmen daß es ohne ging, glaube es mir, meine Liebste! Du bist dann in solcher Lage mein bester Kamerad, und wenn's noch so schwer ist.

Ja Liebste, nun sind leider die schönen Urlaubsstunden vorüber, trotzdem kann uns der grausame Krieg nicht trennen, und wenn er noch Jahre dauert, verlaß Dich drauf!

Beachte meine neue Feldpostnummer 06749. Und von heute ab nummerieren wir unsere Briefe, damit wir immer Kontrolle haben. Mit einer Beziehung eines Rings bin ich schon beschäftigt, schreibe mir nur ob Du Interesse dafür hast! Aber gleich im nächsten Brief. Was mit Westen los ist weiß ich noch nicht. Für heute muß ich nun schließen, denn der Schlaf wird Meister. Sei nun vielmals gegrüßt und geküßt von Deinem

Georg

Auch viele Grüße an Vater, Erika und Marie mit Kindern! Sowie Otto, welcher hoffentlich im Urlaub ist!

Sonntag, den 20. Juni 1943.

Meine liebe Emma!

Nun muß leider der Kamerad Füllhalter unsere Verbindung aufrecht erhalten. In Gedanken bin ich natürlich immer noch im Urlaub bei Dir. Emma, das war mein schönster Urlaub bis jetzt gewesen, was hätte ich ohne Dich gehabt, überhaupt nichts! Die Eltern schon, aber das genügt in diesem Alter nicht mehr. Du hast es nun auch gut gemerkt. Hoffentlich kannst Du Dich darüber wegfinden innerlich, es muß eben sein und wenn der Abschied noch so schwer fällt. Heute vor vierzehn Tagen war es noch anders bei unserer Verlobung, ich muß immer dran denken. Du auch? Schade, daß wir nicht beisammen sein können, und wenn's nur einige Stunden wären. Ich hab nämlich nun eine neue Tropenuniform, da würdest Du mich kaum kennen. Weißt, die anderen schauten nur so, kaum da und schon alles neu, und sie haben noch nichts, weißt das kommt eben davon!

Und nun mit einer Weste, sie kosten 100,- RM, oder 900-1000 Tabletten Süßstoff, das ist doch allerhand! 200 hab ich erst. Aber schicke mir was Du auftreiben kannst, die Westen sind sehr nett und fast in allen Farben.

Zurzeit wird's auch viel Arbeit geben, hoffentlich macht das Wetter auch mit. Wie geht es Dir sonst immer? Hoffentlich gut, was ich von mir auch schreiben kann! Sei nun vielmals gegrüßt und geküßt von Deinem

Georg

Stehen die Bohnenstecken noch?

Osten, den 22.6.43.

Meine liebe Emma!

Sollst heute wieder ein kleines Brieflein von mir erhalten. Es macht Dir sicher Freude, wenn's auch nicht viel Neues Dir bringt. Ich bin gespannt wer von uns den Rekord hat im Schreiben, das heißt ich bin mit 50% zufrieden, denn Du hast die freie Zeit nicht so. Bei uns ist um 16:30 Uhr Schluß, Emma, wie viel könnte ich noch da helfen, überhaupt jetzt in der Heuernte!

Morgens um 5 Uhr heißt es natürlich aufstehen, wo aber die Sonne längst scheint. Emma, es ist sehr schade daß wir so weit voneinander entfernt sind, sonst würde ich Dir einen Rosenstrauß von der Krim schicken. Liebste, so viele Rosen habe ich in meinem Leben noch nicht gesehen wie hier, tausend und abertausend an einem Stück. Ich sag es ist schade, daß Du es nicht sehen kannst, was doch Deine größte Freude ist. Hoffentlich bin ich nächstes Jahr wieder bei Dir, wenn die Rosen blühen! Wenn es auch wieder eine sehr lange Zeit ist, aber Hauptsache ist wenn ich so wiederkommen darf wie ich ging. Meinst nicht auch? Ich will nur sehen was Du über diesen letzten Urlaub schreibst? Bis jetzt sind wieder zwei nach mir vom Urlaub gekommen, einer hat sich auch verlobt und der andere hat geheiratet, was in der nächsten Zeit noch mehr im Sinn haben. Ja Emma, so ändern sich die Zeiten! Mit der Heuernte werdet Ihr nun bald fertig sein, war Otto da? Bestelle auch viele Grüße an ihn von mir, und schreibe mir seine Feldpostnummer, damit ich ihm auch mal ein Brieflein schreiben kann. Für heute möchte ich mein Gesudel beenden, mit vielen Grüßen und Küssen Dein ewig Dich liebender

Georg

Sonntag, den 27.6.43.

Meine liebe Braut!

Sollst nun heute am Sonntag wieder ein Brieflein von mir haben. Wie geht es Dir immer? Hoffentlich gut, was ich von mir auch schreiben kann. Mit dem Heuen werdet Ihr fertig sein, ja Emma, so vergeht ein Tag nach dem anderen, und immer noch keine Aussicht auf ein Ende.

Liebe Emma, ich muß immer daran denken wie Du sagtest, Du hast geglaubt, ich sei so ein Stubenhocker, oder sonst ein Wickelkind. Da warst Du richtig auf dem Holzweg! Emma, mein Gefühl sagte mir, daß ich mit Dir ein Mädel vor mir habe mit sehr gutem Charakter, und es ließ mir nicht zu so raus zu platzen wie Eugen Stüber, usw. Im Urlaub hab ich Dir ja so viel davon erzählt, und es traf ganz genau zu! Wenn Du auch oft nichts gesagt hast wußte ich es doch. Sonderbar? Ja Emma, Du bist eine Goldgrube welche nie versagt, was ich auch Dir sein will. Nun hast Du ja einen Funken der Liebe bekommen, leider waren nur die Tage so schnell vorbei gegangen! Meinst nicht auch? Heute vor drei Wochen war es noch anders, aber innerlich im Herzen schon wieder der Gedanke, warum darfst Du nicht bei Deiner lieben Braut bleiben? Emma, das ist ein Schmerz welchen ich Dir nicht beschreiben kann.

Wir dürfen aber nicht den Kopf hängen lassen; Kopf hoch, wenn der Hals auch dreckig ist. Ja, wenn Du nur in den letzten Tagen bei uns gewesen wärst, hättest bestimmt gesagt; ist so etwas auch möglich? Es ging zu wie bei den Wilden. Ja, es ist sehr gut wenn Freunde einander so gut verstehen, und keiner beleidigt ist. Kam auch noch nicht aus dem Bau als einmal ins Kino, wir machen lieber unter uns Gaudi, was einem über alles hinweghilft, und mein Radio hält uns auch noch fest, welches immer prima läuft. Es ist nur schade, daß um 15 Uhr erst Strom kommt, und wir somit das Volkskonzert nicht hören können. Soeben kommen zwei Stunden für Landser erfunden, was ganz prima ist. Es kommt jeden Sonntag von 17-19 Uhr, anschließend ein Konzert ähnlich wie das Wunschkonzert war. Du siehst also, Unterhaltung genug auch ohne Spaziergang. Zu Hause bei Dir wäre es natürlich anders!

Diese Woche rechne ich stark mit Post von Dir. Von mir wirst schon zwei Brieflein haben. Was schreibt Karl? Kommt er bald in Urlaub? Und was sagen die Gerstätter über unsere Verlobung? Viele werden mich nicht kennen. Ist Fritz Stüber schon bei Dir gewesen? Nehme ihn aber richtig hoch, wie ich Dir schon sagte. Martha und Gretel hab ich auch noch Bescheid gesagt über Euren Ausflug. Bin ja gespannt wann Ihr dazu kommt.

Für heute weiß ich nichts mehr, und grüße Dich aufs herzlichste mit vielen Küssen, Dein Dich immer liebender

Georg

Auch viele Grüße an Vater, und Marie mit Kindern! Marie muß ich auch mal wieder schreiben, sonst könnte sie beleidigt sein.

Den 30.6.43.
Meine liebe Braut!

Nun ist es aber bald Zeit, daß ich von Dir auch bald ein Brieflein erhalte. Wie weit seid Ihr denn mit der Heuernte? Wie meine Kameraden erzählen muß es zu Hause immer viel regnen, was ja gerade nicht erfreulich ist.

Wenn ich auch vom Wetter hier nicht abhängig bin, aber trotzdem muß ich immer an Euch Lieben denken. Bei solchem Wetter gibt es eben zwei- bis dreifache Arbeit, und dennoch kein gutes Heu. Bei uns ist es immer prima Wetter, mit Ausnahme von einzelnen Gewitterregen.

Für heute bin ich schon am Schluß angekommen. Bin immer gesund und munter, was ich von Dir auch hoffe! Sei für heute nochmal gegrüßt und geküßt von Deinem

Georg

Gute Nacht! Es geht alles vorüber, es geht alles vorbei, doch zwei die sich lieben, die bleiben sich treu!

4. Juli 43.

Meine liebe Braut!

So, nun will ich Dir heute wieder schreiben, auch ohne Nachricht von Dir. Was ist denn wieder los, Emma, daß Du mir nicht schreibst? Zeit hat man ja immer, wenn der Wille nicht versagt! Meine Kameraden bekommen fast jeden Tag Post, und ich bis jetzt überhaupt noch nichts, das ist zu viel! Bald jeder sagt; was ist denn mit Dir los? Du siehst also, daß Du mich in Verlegenheit bringst wenn Du so weiter machst. Was hast Du wieder auf dem Herzen, womit Du nicht herausrücken willst? Sowas kommt natürlich gar nicht in Frage, im Leben muß man ein ganzer Kerl sein, und kein halber, sei es beim Kommiss oder zu Hause, das spielt keine Rolle! Jeder muß voll und ganz seinen Posten versehen, auf welchen er hingestellt ist. Liebe Emma, hast die schönen Urlaubsstunden schon ganz und gar vergessen? Wo wir doch so glücklich beisammen waren! So langsam geht mein Schreibstoff zu Ende, wenn kein Brief eintrifft von Dir. Ich hab mir auch vorgenommen nicht mehr zu schreiben, bevor nicht das der Fall ist!

Sei somit vielmals gegrüßt und tausend Mal geküßt aus weiter Ferne, von Deinem verlassenen

Georg

Lebe wohl, auf Wiedersehen! Zwei Luftfeldpostmarken lege ich auch noch bei!

Osten, den 11.7.43.
Meine liebe Braut!

Hocherfreut erhielt ich heute die erste Nachricht von Dir, und zwar den dritten Brief als ersten, recht vielen Dank dafür! In meinem letzten Brief schrieb ich Dir ja meine Verlegenheit. Da kann man also sehen wie die Post verschieden ankommt. Ich traute mir fast selber nicht mehr, dachte immer; Das kann doch nicht sein! Meine Gedanken gingen hin und her, kamen aber zu keinem Ziel. Letzten Mittwoch schrieb ich nicht mit dem Gedanken; es muß ein Brieflein kommen! Heute ist nun der Freudentag gekommen. Hab heute U.v.D.[22], und somit auch genügend Zeit zum Schreiben. Luftpostbriefe werde ich Dir nicht mehr viele schreiben, denn sie brauchen so lang wie die anderen. Lege Dir wieder zwei Luftpostmarken bei, und eine Paketmarke. In den nächsten Tagen wird Dein Kilopäckchen auch eintreffen. Daß Du noch etwas zum Anziehen hast glaube ich Dir freilich, aber die Weste soll ein Andenken sein! Es freut

---
[22] U.v.D. = **Unteroffizier vom Dienst**

mich, daß Dein Otto nun auch auf Urlaub kam, aber leider zum Heuen zu spät, beim Kommiss kann man es nicht erraten. Das ist aber nett, wenn alle drei Brüder sich treffen können! Hoffentlich glückt es auch! Wie geht es Rudolf?

Wie geht es Dir immer? Hoffentlich gut, wie ich es auch von mir schreiben kann. Mein Wachtmeister fuhr auf Urlaub, an Arbeit fehlt es mir dann aber nicht, das hab ich Dir, glaub ich, ja schon geschrieben. Liebste, ich bin nun gespannt was die nächsten Tage und Wochen alles bringen werden! Mein Ernst wird auch seinen Teil erleben! Das ist eben Schicksalssache. Bei uns hier merkt man vom Krieg nicht viel, nur die Verpflegung läßt zu wünschen übrig. „Eintopf".

Liebe Emma, wir haben noch gar keinen Grund zu klagen, wenn man an die Rheinländer denkt wo überhaupt nichts mehr haben, kein Haus und keine Heimat. Eine Woche fahren auch zwei Kameraden auf Urlaub, aber keiner hat ein Haus mehr. Emma, da ist die Freude nicht arg. Und in Wuppertal muß es ja ganz trostlos aussehen, Bomben und Feuer kann man noch aus dem Weg gehen, aber dem Wasser nicht! Ja wie gesagt, wir dürfen Gott danken, daß wir davon verschont sind.

So, Du freust Dich schon auf den nächsten Urlaub, das ist ja sehr nett, wenn ich nur heute Abend schon fahren könnte. Es waren doch schöne Stunden und Tage, welche ich nie vergessen werde! Geht es Dir nicht auch so? Heute Abend könnten wir wieder so einen kleinen gemütlichen Waldspaziergang bei Vogelgesang machen, ach, wie schön wäre das! Hoffentlich kommt die Zeit bald wieder, aber ohne Urlaubsschein wäre am besten! Diesen Tag kann ich mir gar nicht vorstellen, wo es einmal heißt: Parole Heimat!

Nun werden die Beeren zu Hause auch bald reif sein, betrachte auch meine Zwetschgenbäumchen unter- und oberhalb den Beerstöcken, welche ich selbst aus wilden Wurzeltrieben gepflanzt habe. So viel ich sah trägt unten einer.

Für heute möchte ich nun mein Gesudel zu Ende führen, es wird so langsam Nacht, obwohl es erst ¾ 7 Uhr ist.

Sei vieltausendmal gegrüßt und geküßt von Deinem Dich immer liebenden und nie vergessenden

Georg

Osten, den 14.7.43.

Meine liebe Emma!

Will Dir heute wieder ein kleines Brieflein senden. Wie geht es Dir immer? Hoffentlich gut, was ich von mir auch schreiben kann. Deinen ersten und zweiten Brief habe ich immer noch nicht erhalten, möchte nur wissen wo die liegen. Es ist ja gut, daß wenigstens einer den Weg gefunden hat damit ich beruhigt bin. Nur habe ich keinen Zusammenhang. Du schreibst vom zweiten Helfer in der Heuernte, wer war denn das?

Ja Emma, nun steht man bald wieder vor der Ernte, wie schnell doch so ein Jahr zu Ende geht. Morgen wird es schon ein Monat, daß ich hier bin. Nur noch elf, dann gibt's wieder Urlaub. Aber Emma, den müssen wir richtig ausnützen, anders wie den Letzten! Meinst nicht auch? Jetzt ist es ja auch anders, wenn wir verlobt sind, da haben wir das Recht. Wenn ich so zurückdenke hätten wir noch mehr Sonntag machen sollen, mit der Feldarbeit wärt Ihr genau so weit wie so. Aber Dir geht es genau so wie mir, Du meinst Du müsstest auch überall dabei sein. Es geht auch ohne uns so lang. Ja wie lange muß es noch ohne mich zu Hause gehen? Der Krieg entflammt sich ja immer stärker zur Zeit. Was nimmt wohl das noch für ein Ende?? Es geht überall sehr heiß und ernst zu, bis jetzt doch noch wie so der Fall war, vielleicht kommt somit doch bald eine Entscheidung! Bestelle auch viele Grüße an Otto, Karl und Rudolf, das heißt wenn sie noch zu Hause sind. Der Urlaub geht ja bei allen zu rasch vorbei; genau wie bei uns auch.

Sei nun vielmals gegrüßt und geküßt von Deinem immer liebenden treuen

Georg

Sonntag, den 18.7.43.
Meine liebe Emma!

Deinen lieben Brief vom 11. habe ich heute Früh mit großer Freude erhalten, recht vielen Dank dafür. Ach, Deinen ersten Brief wo Du auf meine alte Feldpostnummer geschrieben hast habe ich am 15. erhalten. Du siehst also, das so langsam alles ankommt. Wie ich daraus sehen kann bist Du in Gedanken immer viel bei mir, was auch bei mir der Fall ist. Hoffentlich, meinst Du, habe ich auch schöne Erinnerungen mitgenommen? Ja Emma, die vergesse ich nicht, die schönen Stunden wo wir so glücklich einander in die Augen sehen durften. In solchen Stunden schlägt das Herz höher.

Es ist doch schön, Liebste, so eine wahre ehrliche Liebe, der größte Schmerz ist nur mehr halb so schlimm. Dein Herz habe ich nach langem Kampf nun erobert, und so langsam finden unsere Herzen zusammen, so wie es sein soll, und ich mir auch wünsche. Du siehst auch nun selber, daß es verlobt doch anders ist. Vorher war es nicht halb und nicht ganz. Man konnte nicht an die Öffentlichkeit, was jetzt alles anders ist.

Zuerst wolltest Du ja nicht recht an die Verlobung ran, aber jetzt bist Du doch auch froh. Was sagten denn Deine drei Urlauber darüber? Das war doch eine große Freude, wenn alle drei Brüder sich treffen. Ja, ich kann mir denken, und Du hast so im Stillen ganz für Dich an mich gedacht.

Dein Erntesoldat könnte ich doch auch sein, da hätte es bestimmt an Unterhaltung nicht gefehlt, das Brave was Du von mir immer geglaubt hast lassen wir zu Hause! Du wärest bestimmt mit mir auch so zufrieden, wenn ich auch ab und zu mal zu frech, oder mal wieder zu rau wäre! Glaubst Du nicht auch?

An Urlaubern fehlt es ja nicht bei Dir, da bin ich ja schon wieder der Nächste?! Aber wie gesagt, das muß einen pfundigen geben mit mindestens acht Tagen Ausflug dabei! Über Münchingen, Sielmingen, an Hohenheim können wir auch vorbei fahren, nach dem schönen Schwarzwald. Diesmal wollen wir es in aller Ruhe überlegen und ausdenken wie es am besten ist.

Daß die Bohnenstecken bis auf drei stehen geblieben sind, hätte ich nie geglaubt bei solchem Sturm! Und ich kann Dir gar nicht schreiben wie es mir gefallen hat, ich sah nämlich Dein großes Interesse und Liebe in der Feldarbeit daraus. Das Gleiche war an dem kleinen Ausflug nach Böhmenkirch, wo Du überall die Gärten mit Blumen betrachtet hast. An so einem Garten sollst Du auch mal Deine Freude haben. Blumen und Rasen sind nämlich auch meine Freude, und an Platz fehlt es auch nicht. Emma, ich habe so das Gefühl daß wir in unserer späteren Ehe nur Glück und Sonnenschein haben, wenn Gott es will, von uns aus gesehen! In der Landwirtschaft gibt es ja viel Arbeit, aber wenn so eine Frau wie Du bei mir bist ist alles nur ein Kinderspiel. Und Du wirst sehen, mit Pferden geht es nochmal so leicht wie mit Kühen, die sollen nur noch Milch geben damit Du auch

Milchgeld bekommst. Weißt, unsere Nachbarin sagt, das gehört mir!

Emma, wenn Du mit dem Fahrrad durch Sontheim gefahren wärst mit Deinem Bruder Otto, und hättest keinen Besuch gemacht, hätte ich Dir was anderes erzählt! Ich möchte Dich mal hören wenn ich nach Gerstetten fahren würde, ohne bei Dir vorbei zu kommen! Halte nur immer Fühlung mit meinen Eltern und Bekannten. Mit der Martha kommst Du ja scheinbar gut aus. Es wäre vielleicht für das Mädel schade gewesen, wenn sie bei ihrer alten Liebe geblieben wäre! Meinst Du nicht auch? Ist er eigentlich noch nicht bei Dir gewesen? Er hat bestimmt ein verschissenes Gewissen! Aber wie gesagt, nimm ihn richtig hoch wenn er Dir unter die Augen kommt! Ja, er muß Glück haben, wenn er eine auf den Berg hinaufbringt! Der Boden ist schwer zu beschreiben, was ein großer Nachteil ist. Aber jedem das seine Schicksal, es ist nicht meine Sache anderen ihr Glück zu betasten. Ich kann nur so ein Bubenstück von ihm nicht verstehen. Seinen Brief habe ich immer noch nicht beantwortet, habe nämlich immer Angst ich komme zu weit. Weißt, in solchen Sachen kann ich nicht verschwiegen sein, da kommt gleich alles auf einmal! Wie geht es Dir sonst? Hoffentlich gut, was ich von mir auch schreiben kann. Unterhaltung immer genügend, hab nämlich ein paar prima Kameraden, wir sind wie Brüder! Heute um 17 Uhr gehen wir zusammen ins Theater, am Freitag waren wir im Kino miteinander. „Der zerbrochene Krug" wurde gegeben!

Heute, wie jeden Sonntag im Theater, kommen zwei frohe Stunden für Landser erfunden. Schade Emma, daß Du nicht auch mit kannst! Weißt, da kann man so richtig mal wieder lachen! Vielleicht haben wir das Glück im nächsten Jahr! In diesem Sinne möchte ich für heute mein Gesudel beenden. Sei nun vielmals herzlich gegrüßt und geküßt von Deinem treuen und liebenden

Georg

Erhielt soeben Dein Kilopäckchen in prima Zustand, vielen Dank dafür! Vielleicht hast mir in das Zwei Kilo-Paket etwas Zucker übrig! Bei uns gibt es Tee und Kaffee ohne.

Osten, den 21.7.43.

Meine liebe Emma!

Heute ist nun wieder mein Schreibtag für Dich. Wie ich am Sonntag Dir noch mitteilte habe ich Dein Kilopäckchen mit großer Freude erhalten, recht herzlichen Dank dafür. Deinen sechsten Brief habe ich ebenfalls mit großer Freude erhalten. Das glaube ich Dir, daß Du beim Rüben mähen erledigt warst. Das war halt zu viel für Dich, aber im Krieg muß man allerhand mit in Kauf nehmen. Aber einmal scheint auch für uns die Sonne, Emma! So, und Georg Bühler hat sich nun auch verlobt. Weißt nicht bei was und wo er ist?

Liebe Emma, die Rosen haben nun verblüht, aber Kirschen gibt es auch, aber zum kaufen zu teuer. Sie sind aber nicht wie unsere, sehr sauer. Wie man sieht gibt es auch sonst Obst, aber alles viel viel zu teuer. Es geht auch so, wir sind nicht verwöhnt. Wenn nur sonst die Verpflegung anders wäre, nicht nur Mittags sondern auch noch Abends Eintopf, wo man fast trinken kann. Das eine Gute ist ja auch das Brot langt.

Zur Zeit ist es sehr warm bei uns. Zu Hause meint man mit 35°C sei es oder ist es sehr heiß, aber das hat es bei uns schon morgens um ½ 9 Uhr in der Sonne. Du siehst also, viel Afrika und wenig Hofbräuhaus! Aber Liebste, es geht alles vorbei nach jedem Dezember folgt wieder ein Mai, doch zwei die sich lieben die bleiben vereint!!

In Deinem letzten Brief ersehe ich, daß Du nun auch ganz zu mir findest. Ja Emma, das ist wunderbar es kommt alles von selber und Du siehst nun, daß wir einander sehr glücklich machen was schon immer mein Ziel war. Du meinst ob ich an all dem Geschehen zu Hause und Heimat auch Interesse habe, freilich Emma, gerade somit kommen wir einander immer näher! Wenn ich auch nicht bei Dir sein kann, bin ich trotzdem in Gedanken viel bei Dir. Heute sitze ich nun beim Kerzenlicht und meine Gedanken gehen zurück an die schönen Urlaubstage wo wir verleben durften. Aber in den wenigen Tagen kamen wir ein großes Stück mit unserer Liebe weiter, was brieflich nicht so schnell der Fall gewesen wäre! Das glaubst doch? Mit einem so kleinen verschissenen Gewissen nahm ich ja von Dir Abschied, aber es ist nicht so wie ich glaubte! Auch das was ich meine kommt auch einmal von selbst. Oder was meinst Du dazu??

Heute erhielt ich auch von meinem Bäschen ein Brieflein, wie sie schreibt soll Fritz Stüber nun auch eine gefunden haben, aber woher weiß sie nicht. Vielleicht hat er nun die Richtige!

Nun Liebste muß ich für heute schließen und grüße, küsse und drücke Dich recht herzlich, Dein

Georg

Osten, den 28.7.43.

Meine liebe Emma!

Seit zwei Tagen habe ich ein ganz bedrücktes Herz, warum und weshalb kann ich Dir selber nicht schreiben. Ja Emma, mein letzter Brief fiel anders aus. Vor zehn Tagen erhielt ich die letzte Nachricht von Dir, ich warte schon einige Tage immer vergebens, aber mit der Post ist es manchmal recht verschieden. Wie ich soeben von meinen Eltern erfahre warst Du und Deine Schwester bei mir, was mich sehr freut. Ja, geh nur ab und zu runter zu meinen Eltern. Wie gefiel Dir denn meine, oder unsere, Beerenanlage? Hast auch meine Bäumchen besichtigt, mit dem Häuschen, was ich alles selber anlegte? Oh Emma, wenn nur die schöne Zeit bald wieder kommen würde wo man so glücklich und ohne Sorgen war! Ich habe nur noch ein Glück und eine Freude und das bist Du allein mit der lieben Heimat! Zur Zeit ist ja die ganze Welt gespannt was in der nächsten Zeit noch alles kommt. Liebe Emma, wir müssen immer mit allerbester Hoffnung in die Zukunft schauen, und wenn der liebe Gott es will dürfen wir uns wieder gesund und munter sehen!

Er lenkt ja unser Schicksal nach seinem hin, wo wir nichts daran ändern können. Mit meinem Schicksal bin ich bis jetzt zufrieden gewesen, und hoffentlich bleibt es fernerhin so. Emma, ich will natürlich nicht heilig oder fromm sein, nur das eine legte mir meine treue Mutter beim Abschied ins Herz, welches ich ganz darin eingeschlossen habe, daß er mich nie verlassen wird. Es sind ja nur ein paar Worte aber sie sagen sehr viel; bleibe fromm und halte Dich recht, denn solchen wird es zuletzt wohl gehen! Was ja eine Mutter ist, oder besser gesagt war, weißt Du ja auch aus eigener Erfahrung. Und wie gesagt, trittst nun Du an die Stelle meiner Mutter wo die Lücke wieder voll ist und ich mich wieder als ein ganzer Kerl fühle, und sei die Zeit auch noch so schwer, zu zweit ist es nur halb so schlimm!

Für heute möchte ich nun schließen, ich weiß ja noch allerhand was ich Dir aber am Sonntag schreiben will. Sei nun vielmals gegrüßt aus weiter Ferne von Deinem

Georg

Osten, den 1.8.43.
Meine liebe Emma!

Erhielt am 29.7. Deinen lieben Brief vom 19., recht vielen Dank dafür! Wie ich daraus sehe hat mein Brief vom 1.7. Dir viele Sorgen gebracht, weil ich damals immer noch keine Post von Dir hatte. Inzwischen hast ja nun den gewünschten Brief bestimmt erhalten.

Ja Liebste, seither fielen meine Briefe schon allerhand aus, ich bin ja gespannt wie ein alter Regenschirm ob sie Dir Freude brachten. In Deinem Brief schreibst Du, daß ich Dich noch gar nicht kenne, aber Emma, das glaubst Du doch selber nicht! Ja, es war sehr schwer Dich kennen zu lernen, weil Du immer so verschwiegen warst, und nie richtig Dein Herz mir ausgeleert hast. Ich fühlte es im Herzen gut, daß Du mich so unheimlich lieb hattest, aber die Öffentlichkeit durfte es nicht wissen, und ich ließ es mir einfach nicht nehmen und kämpfte bis ich Sieger war!

Rühmen will ich mich natürlich nicht, im Urlaub warst Du Sieger geblieben! Weißt es noch? Ich bin aber trotzdem sehr glücklich Dich als Braut zu haben. Ich mußte nur so staunen, als die vielen lieben und offenherzigen Briefe von Dir ankamen. Mein Liebste, so habe ich Dich mir vorgestellt. Ich behaupte auch, daß das erst der Anfang unserer Liebe ist, wenn wir mal erst verheiratet sind und Kinder haben, wie schön mag das sein, Emma? Ich kann Dir gar nicht beschreiben wie viel Freude Du mir machst, wenn Du zu meinen Eltern gehst. Die Beeren fielen scheinbar gut aus, was Dir bestimmt auch Freude macht! Was, Du meinst ich sei ein solcher Angsthas wo vor elf Weibern Angst hat? Da muß ich aber feststellen, daß Du mich nicht oder immer noch nicht gut kennst. Frage einmal mein Bäschen Martha, was ich mit ihr schon Gaudi gehabt habe. Bestimmt kann ich's nicht sagen, aber mit 99%iger Wahrscheinlichkeit blieben vor lauter Lachen die Hosen nicht trocken. Bei Dir kam ich noch so gar nicht ins Fahrwasser mit dem plaudern. Weißt Du, es kommt immer darauf an was Du für einen Eindruck auf mich machst, was jetzt ja alles ganz, ganz anders ist seit wir verlobt sind, und Du aus Dir rausgehst. Liebste, Du brauchst Dich doch nicht zu schämen, nur raus damit was Dein Herz bedrückt, die Sonne kann nicht immer am Himmel stehen. Mir selber ging es genau so! Meine Liebste, Du siehst also, daß wir einander beeinflussen und somit einander nie verlassen werden. Im Gegenteil, immer glücklicher machen! Weißt noch wo der Anfang war? Am ersten Urlaubssonntag am Waldhäuschen! Die Stunde vergesse ich nie! Oh, könnte ich Dich jetzt nur einmal in den Arm nehmen wie damals! Was meinst Du dazu? Daß die Liebe eine Macht ist hast Du bestimmt bis zu dieser Stunde nicht gewußt!

Letzte Woche war ich im Kino, wo „Der Mustergatte" gegeben wurde. Ich kann Dir nur sagen; wenn Du Gelegenheit hast Dir diesen Film anzusehen, dann versäume es ja nicht. So wie ich da gelacht habe, habe ich seit meinem Soldatenleben noch nie gelacht. Ja, Gaudi ist bei uns auch immer hoch. Natürlich das Thema Eins auch, was bei den Landsern überall ist. Meine Kameraden waren nun sprachlos, wo so viele Briefe von Dir und noch das Kilopäckchen kamen. Mache Dir also deswegen keine Sorgen. Wie das ist weißt Du doch aus eigener Erfahrung. Angenommen Du würdest zwölf Tage von mir keine Post bekommen, oder noch länger. Was meinst was die Marie sagen würde, ebenso Deine Erika? War Marie auch mit in den Beeren? Und Vater, war er auch schon bei mir?

Und nun noch einmal zu den Beeren. Wie kommst Du denn mit Schulzenbauers Marie aus? Sie ist doch auch ein nettes Mädel, und sprach mit Dir bestimmt auch. Nur kommen eben die Sorgen so langsam in diesem Alter, 30, was für ein Mädel schon hoch ist. Emma, die hat das Glück schon einige Male vorbeigelassen. Fritz Strüber wollte vor Jahren auch schon anbeißen, aber da geht sie nicht hinauf. Lade sie nur auch mal ein, da legst nämlich eine sehr große Ehre bei ihr ein. Im Urlaub dachte ich nur nicht daran, sonst hättest Du sie auf die Alb mit Martha und Gretel auch mitnehmen müssen. Und jetzt wird es zu spät sein!

Nun weiß ich aber für heute nichts mehr, und möchte somit mein Gesudel schließen. Sei nun vielmals gegrüßt, geküßt und gedrückt von Deinem liebenden treuen

Georg

Lebe wohl, auf Wiedersehen in der lieben Heimat!

Osten, den 2.8.43.

Meine Liebste!

Möchte die Gelegenheit nicht versäumen Dir durch einen Urlauber ein kleines Brieflein zu senden. Wie ich

Dir schon schrieb sollst mir Zucker schicken, der Grund ist die Weste. Der Süßstoff reicht schon nicht mehr. Ich brauche nämlich 3-4 kg Zucker zu einer Weste, oder einen Liter Schnaps. Eine Weste könnte ich schon abholen, aber wie gesagt ohne Zucker oder Schnaps geht es nicht, was doch allerhand ist. Es ist ja eine Schande für mich wenn Du mir helfen mußt um Dir eine kleine Freude zu machen. Meinen Eltern gab ich auch schon Bescheid. Zucker wird wohl in dieser Zeit sehr rar sein, mit den vielen Beeren. Mit Geld kann man nicht viel anfangen, und 100,- Mark sind viel zu viel dafür!

Für heute weiß ich nichts mehr, hab erst gestern Dir einen Brief geschrieben welcher etwas länger ausfiel. Sei nun recht herzlich gegrüßt und geküßt aus alter Treue von Deinem

Georg

Auf Wiedersehen in der lieben <u>Heimat</u>.

Osten, den 4.8.43.
Meine liebe gute Emma!

Sollst nun heute auch wieder einige Zeilen von mir erhalten. Wie geht es Dir immer? Hoffentlich gut, was ich von mir auch schreiben kann. Das ist ja immer die Hauptsache, und der größte Reichtum auf der Welt, vor allem in der Fremde. Liebste, seit ich vom Urlaub hier bin hab ich ab und zu Stunden, sogar Tage, wo ich sehr Heimweh nach Dir habe. Ja, wir sind im Urlaub ein gutes Stück einander näher gekommen, es ist nur schade, daß es wieder so lange ansteht bis wir einander glücklich in die Augen schauen können. Heute sind es schon acht Wochen, daß wir einander zum letzten Mal in den Arm genommen und geküßt haben. Vielleicht steht es diesmal nicht so lange an? Gestern fuhren vier Mann von uns auf Urlaub, was für uns alle eine große Freude war. Mein Wachtmeister kam am Montag auch wieder zurück, es kommt einer nach dem anderen wieder, und immer noch keine Aussicht auf ein gnädiges Ende, im Gegenteil wird der Krieg immer schwerer und größer. Von unserem Nachbarn erhielt ich auch ein Päckchen worin sie schreiben, es wäre halt am besten wenn ich in vier Wochen nach Hause fahren dürfte, für immer. Weiter teilten sie mir mit, daß Du auch bei mir gewesen seist in den Beeren. Sie selber haben scheinbar auch welche bekommen. Ja Emma, wie viele gab es denn schätzungsweise? Es ist ja schade, daß ich es nicht sehen kann, wo ich doch vor dem Kriege so daran hing. Jetzt, nach vier Jahren Krieg, hab ich gar kein so Interesse mehr, sei es was es will. Ich sagte es Dir doch selber, daß ich nicht mehr so bin wie ich einst war, wo Du mich leider noch nicht kanntest. Du hast im Urlaub doch gemerkt, daß ich anfangs kalt und herzlos war. „Stur!", sagt der Landser. Man kann einfach nicht mehr mit einem Mädel so umgehen wie man es gerne hätte. Durch solch lange Zeit verlernt man eins nach dem anderen. Das beste Mittel ist, einander immer recht schreiben, daß die Verbindung immer aufrecht erhalten bleibt. Wenn der Krieg ja aus ist, und wir kommen wieder nach Hause, bin ich bald wieder der Kerl wo vor vier Jahren ging, denn im Herzen trage ich meinen klaren Sinn! Von Deinen Brüdern wirst Du ja das Gleiche sagen können. Wie lässt Deine Schwester Erika sich an? Hat sie ab und zu immer noch etwas an unserer Liebe auszusetzen, oder sagt sie nun nichts mehr? Davon schreibst Du gar nichts!

Von Sielmingen bekam ich auch schon Nachricht, wo sie uns recht herzlich zu unserer Verlobung gratulierten und meinten so scherzhaft dazu im nächsten Urlaub auf unsere Hochzeit kommen zu können. Leider haben sie auch eine sehr traurige Nachricht aus dem Osten erhalten von einem Verwandten, welcher sozusagen bei ihnen ganz zu Hause war, daß er am Kuban-Brückenkopf gefallen ist. Ich kannte ihn auch gut, er war ein sehr netter Mensch, aber das Schicksal hatte es eben nicht anders gewollt.

Für heute möchte ich nun mein Gesudel beenden, weiß ja nicht ob Du für all die Kleinigkeiten auch Interesse hast. Sei nun recht lieb gegrüßt von Deinem treuen immer liebenden

Georg

Auf Wiedersehen!

Osten, den 8.8.43.

Meine liebe Emma!

Erhielt soeben Deinen lieben Brief vom 2.8., wofür ich Dir herzlich danke! Er hat mir viel Freude gemacht. Nun ist die Verbindung ganz hergestellt, und Du weißt wenigstens, daß ich Nachricht von Dir habe. Du meinst, mein Brief wäre freudig ausgefallen, Emma, Du wirst staunen wenn die anderen alle ankommen! Du denkst bestimmt dabei, so hätte ich mir meinen zukünftigen Mann doch nicht vorgestellt. Weißt, es ist auch besser wenn man im Anfang etwas schüchtern ist, obwohl ich schon immer der Gleiche bin, aber noch nie so glücklich wie jetzt! Das ist auch bei Dir der Fall, wenn Du es auch nicht gerade schreibst merke ich es trotzdem aus Deinen Briefen. Ja, geh nur aus Dir raus, und schreibe mir immer alles was Dich bewegt. Von meinen Eltern erfuhr ich am Freitag, daß Du in den Himbeeren warst mit Anna. Bleibe nur immer in Fühlung mit ihnen. Nun kannst Du aber richtig einkochen. Mit Eurem Ausflug wurde es scheinbar nichts? Das will ich glauben, daß Martha eine große Freude hatte, wenn Du sie besucht hast. Ihre Schwester Anna ist keine Martha, die plagt die Sorge; bekomme ich überhaupt noch einen Freund in dieser Zeit. Wenn eben die Zeit vorbei ist, ist es für ein Mädel schwer, vor allem jetzt im Krieg. Weißt Du, mir klagt sie im Urlaub immer ihr Herz, aber was will ich daran ändern, kann nur sie trösten. Mit diesem Schicksal ist sie nicht allein, so geht es noch vielen durch diesen grausamen Krieg.

Oh Emma, wie schön wäre es heute wieder am Sonntag. Ich weiß ja, daß Deine freie Zeit ganz knapp ist, aber wenn es nur einige Minuten so ganz allein und ungestört unter vier Augen wären! Meinst Du nicht? Nur einmal wieder so glücklich wie im Urlaub einander in die Augen schauen. Nur Geduld, meine Liebste, es kommt auch diese Zeit einmal wieder! Sitze nun wieder hier in meiner Bude ganz alleine, meine anderen sind ins Theater, und einer hat U.v.D. Wie ich Dir ja schon schrieb kommen immer Sonntags zwei frohe Stunden für Landser erfunden, aber ich bin zu faul um mich anzuziehen, hören tue ich es ja genauso am Radio. Sonst gehe ich einmal in der Woche ins Kino, denn das muß man ausnützen so lang man es kann!

Wie Du vielleicht schon erfahren hast hat mein Bruder Ernst das E.K. II[23] erhalten. Ja Emma, da muß ich mich schämen mit meinen vier Jahren, aber jeder muß

---

[23] E.K. II = Eisernes Kreuz zweiter Klasse, anfangs noch eine besondere Auszeichnung wurde sie später immer öfter verliehen, um mehr „Helden" zu schaffen. Am Ende des Krieges gab es deshalb knapp 4,7 Millionen Träger des E.K. II.

eben seine Pflicht da erfüllen wo ihn der Führer hinstellt und ich hoffe, daß Du mich verstehen wirst.

Lege Dir wieder eine Kilomarke bei, brauchst mir aber keinen oder nur wenig Zucker schicken, bis dahin ist nämlich wieder alles ganz anders. So ist es leider beim Landser, immer ein Hin und Her. Daher ist es auch kein Wunder wenn man „stur" wird, wie man so sagt.

Hoffentlich habt Ihr bei der Ernte gutes Wetter. Bei uns ist es immer sehr warm, sogar in meinem Lager hat es 20°C, wo jeder sagt: Bei Dir ist es aber kühl. Kannst Dir dann ja denken wie es dann in der Sonne sein mag. 40-50°C. Viel Afrika, und kein Hofbräuhaus, zur Ernte wäre es aber prima, nur muß so eine Hitze vertragen sein.

Wünsche Erika eine sehr baldige Besserung. Sei nun vielmals gegrüßt und geküßt aus der Krim, von Deinem

Georg

Osten, den 11.8.43.

Meine liebe Emma!

Heute ist nun wieder mein Schreibtag, wo Du wieder ein Brieflein haben sollst. Jetzt werdet ihr richtig in der Ernte sein, was könnte ich Euch da abends immer noch helfen von 5 Uhr ab, wo Ihr bestimmt noch nicht Feierabend habt. Macht das Wetter auch mit? Hoffentlich besser wie in der Heuernte! Nun geht die Arbeit ja nicht aus bei Euch, bis es zuschneit. Ich bin nur gespannt ob es mein Schwarzer durchhält. Wenn die Pferde nur nicht so sehr knapp wären, dann könnte man ja einen kaufen. Wenn er es nur über diesen Krieg noch aushalten würde.

Gestern erhielt ich meinen Brief von meinem Bruder Ernst wieder zurück. Bin nun ganz unruhig, möchte nur wissen was da los ist. Bei Orel geht es ja schon längere Zeit sehr heiß her, da kann man nichts tun als das Beste hoffen.

Was sagt denn Marie, wenn ich ihr bis jetzt noch nicht geschrieben habe, das heißt in nächster Zeit will ich es mal versuchen, nicht daß sie sonst beleidigt ist. Obwohl ich nicht viel zu schreiben hab, bei uns ist nämlich ein Tag wie der andere. Gesund bin ich Gottlob auch immer, was ich von Dir auch hoffe, das ist immer die Hauptsache. Manche oder viele haben Durchfall, was sie bei dieser Hitze richtig schwächt, ich bin bis jetzt immer noch davon verschont geblieben. Man sagt nur; die Krimkrankheit. Das Wetter ist eben ganz sonderbar, bei Tag immer sehr heiß und nachts kalt, das muß man vertragen können. Zur Zeit haben wir unsere Plage mit den Fliegen, welche uns fast fressen. Sonst geht es wie gesagt immer seinen alten Gang.

Und nun noch eine Bitte; bekommst Du auch alle meine Briefe der Nummer nach? Und bist auch damit zufrieden, wenn ich zweimal in der Woche schreibe?

Verzeihe mir, meine Liebste, heute weiß ich mit dem besten Willen nichts mehr. Vielleicht erhalte ich bis zum Sonntag Post von Dir, damit ich wieder Stoff habe. So ein Urlauberthema muß ich Dir in nächster Zeit mitteilen, ich hab es nämlich so nebenbei als schweigender Gast gehört! Heute bin ich nicht gerade aufgelegt dazu, und dunkel wird es auch so langsam. Also für heute alles Gute, es grüßt und küßt Dich aus alter Treue Dein

Georg

18.8.43.

Meine liebe Emma!

Erhielt gestern Deinen lieben Brief vom 6., und den beigelegten Brief vom 22.6., und heute Deinen vom 10., recht vielen Dank dafür, welche mir große Freude machten. Das heißt Dein letzter weniger, wo ich daraus sehen muß, daß Du krank bist. Hoffentlich geht es bald der Besserung zu, was ich Dir von Herzen wünsche. Was fehlt Dir eigentlich? Ich danke Dir auch vielmals für Deine Auskunft über meinen Bruder Ernst. Von zu Hause habe ich nämlich noch keine Nachricht, sie werden jedenfalls richtig in der Ernte sein.

Als ich Deinen Brief vom 22.6. las mußte ich lachen, weil Deine Verwandten ganz platt waren wegen unserer Verlobung. Ja Emma, nun würden wir manches anders machen, aber es war trotzdem sehr schön. Ja diese Stunden werde ich nie vergessen. Deine Verwandten werden es Dir auch verzeihen, überhaupt jetzt im Krieg.

Und nun zu Deinem Brief vom 6.8. Wenn ich nun mal wieder in Urlaub komme, können wir unseren Urlaub so gestalten wie wir es wollen und es am besten halten. Wie ich es so ungefähr im Sinn habe weißt Du ja. Ja Liebste, wenn wir mal ganz zusammen gehören wirst Du noch manches Wunder mit mir erleben über unsere Zukunft, wie und was ich noch alles im Kopf habe. In meinem Brief machte ich Dir ja so eine kleine Andeutung, denn wie gesagt man muß im Leben ein ganzer Kerl sein, und was in der Landwirtschaft und Maschinen anbetrifft bin ich durch, weil daran meine ganze Freude hängt. Ach, wie schön muß das mal werden mit Dir als Frau, wo Du doch das gleiche Interesse und Freude hast! Du siehst also, daß wir doch zusammen passen, wenn Du auch noch vor Jahren gezweifelt hast. Aber ich hab doch Recht gehabt! Vor allem freut es mich wenn Du schreibst, daß Du die schönen Stunden vom Urlaub immer im Gedächtnis hast. Und Emma, das sind gerade diejenigen Stunden wo Du Dich anfangs geschämt hast! Oder nicht? Das war ein kleiner Anfang von der großen „Liebe"! Es war nur schade, daß die schönen und glücklichen Stunden so schnell vorbeigingen.

Das bei Deinem Bruder Karl der Abschied recht schwer fiel will ich glauben, wir wissen es ja auch aus eigener Erfahrung. Ich kann es Dir auch nachfühlen, daß Du allerhand Gedanken bekommen hast, wenn sich Marie in dieser Zeit so lang ihr Mann da war, sich auf dem Feld wenig sehen ließ. Weißt noch Emma, wie sie immer sagte, ihr seid doch recht dumm? Aber wie gesagt, das kommt nicht mehr vor! Letzten Endes schaffst Du ja für Deinen Bruder und Marie, und nicht für Dich. Obwohl es mir recht gut gefiel, daß Du so an Deiner Scholle hängst, Bohnenstecken, usw.!

In diesem Urlaub ging die Sonne unseres Lebens auf, ja wir kamen ganz unverhofft ein gutes Stück einander näher, und gerade so wie ich es mir schon lange Zeit vorgestellt und gewünscht habe!

Und nun zu dem Ring. Da muß ich Dir leider schreiben, daß ich mich in letzter Zeit mit einer Weste beschäftigt habe, und der Ring dabei ins Hintertreffen kam. Gestern Abend erhielt ich zu meiner Freude Deine Weste, welche ich Dir durch meinen Freund, welcher bald in Urlaub fährt, mitschicken will, wenn's bei ihm vollends klappt. Wenn ich noch Zeit und Gelegenheit habe werde ich Dir den versprochenen Ring besorgen, aber es kann sein, daß nur noch ein Brieflein von hier kommt! Nun möchte ich aber für heute schließen! Sei vielmals gegrüßt von Deinem

Georg

Osten, den 19.8.43.

Meine liebe Emma!

Möchte nun Dir eine kleine Freude machen, ich hoffe, daß es auch eintrifft! Gestern schrieb ich Dir noch, daß ich es Dir durch einen Urlauber schicken wollte, aber es geht leider nicht, weil er am Samstag auch mit uns auf den Brückenkopf muß. Ich hoffe, daß Du es trotzdem erhalten wirst. Mit einem Ring ist es leider nichts mehr. Nun kannst Du ja auch einen Stolz über mich haben, drüben ist nämlich mehr los!

Mein Sonntagsbrief wird wohl ausfallen müssen, ich schreib Dir aber gleich von drüben wo wir <u>jedenfalls</u> die alte Feldpostnummer wieder bekommen. Am liebsten wäre mir wenn wir schon drüben wären, denn das kostet manchen Tropfen Schweiß, die Verladerei bei dieser Hitze. Aber so geht es alles vorüber, es geht alles vorbei, doch zwei die sich lieben, die bleiben sich <u>treu</u>!

In diesem Sinne möchte ich mein Gesudel beenden und grüße Dich zum letzten Mal von der Krim, aus alter Treue, Dein

Georg

Osten, den 31.8.43.

Meine liebe Emma!

Wirst nun inzwischen meinen Luftpostbrief erhalten haben. Ja Emma, so kann's gehen, die schönen Stunden sind nun vorbei. Zur Zeit bin ich auf Kommando wieder auf der Krim, aber es dauert nur einige Tage, dann geht's wieder rüber. Ich bin ja nun gespannt wie der Pullover ausfällt! Hoffentlich kommt er auch an. Mit einem Ring will ich nun sehen, ich glaube, daß der Pullover Dir mehr Freude macht. Es gibt natürlich auch allerhand, aber Deiner wurde privat gemacht, was man in der Stadt nicht bekommt. Leider hatte die Frau nur zwei Farben, gelb und blau. Gelb gefällt mir nicht, und hab deshalb blau gewählt, was Dir bestimmt auch gefällt. Es ist reine Schafswolle, das heißt behaupten sie, ob es aber auf Wahrheit beruht weiß ich nicht, vielleicht kannst Du mir Aufschluß darüber geben. Brennen tut die Wolle nicht, und Baumwolle brennt doch, so viel ich weiß.

Ja Emma, wie geht es Dir immer? Hoffentlich bist wieder gesund und munter, ich hab nämlich schon lange keine Post mehr von Dir erhalten, was mich unruhig macht. Ich dachte, es wäre bestimmt Post von Dir dabei, aber die Freude fiel ins Wasser. Es war nur ein Päckchen von zu Hause da, vielleicht kommt heute oder morgen noch etwas von Dir, was meine größte Freude wäre. Marie hab ich immer noch nicht geschrieben, und nun ist die Zeit auch sehr knapp dort drüben, und an Gelegenheit fehlt es auch. Kein Tisch, kein Stuhl, kein Licht, und Arbeit bis es Nacht wird. Aber Läuse, Flöhe, Wanzen, Dreck und Staub in Hülle und Fülle. Die Hoffnung darf man ja nicht sinken lassen, es ist eben anfangs schwer bis man sich daran gewöhnt hat. So langsam kommt auch Licht und Radio wieder, dann weiß man wenigstens wieder was los ist.

Bei uns ist zur Zeit eine Hitze welche kaum zum aushalten ist, der Schweiß läuft einem nur so runter, auch wenn man nicht arbeitet. Da ist es in der lieben Heimat auch tausendmal viel schöner, immer nicht so heiß und im Winter nicht so kalt. Ja Emma, wenn ich so zurück denke an unseren Urlaub bekomme ich Heimweh nach Dir, und die schönen Stunden wo so rasch wie ein Traum vorbei flogen, aber die Erinnerung bleibt, und wenn es Jahre dauert so werde ich sie nie vergessen. Es ist ja fast zum Weinen, wenn wir an unsere Jugend denken. Was haben wir davon gehabt, so viel wie gar nichts. Aber einmal muß für uns auch Frühling werden, wo wir dann unser eigener Herr und Meister sind, und das erst recht bald, wenn der Krieg zu Ende ist. Wie schön mag das sein, wenn man eine Frau hat die auf ihrem Posten den Meister zeigt, das Gleiche kannst Du von mir natürlich auch verlangen! Ich scheue keine Arbeit, und wie ich es mal im Kopf habe weißt Du ja schon etwas davon. Weißt, ich liebe die Großmäuler nicht, wenn genau schaust ist vorne und hinten nichts dran. Für heute möchte ich nun schließen, und grüße und küsse Dich aufs herzlichste aus weiter Ferne, Dein

Georg

An dieser Stelle bricht der Briefverkehr leider unvermittelt ab. Georg schaffte es laut seinem letzten Brief zwar noch über den Kuban-Brückenkopf, doch was danach passierte, oder ob er den Krieg überhaupt überlebte und zu seiner Emma zurückkehren konnte, lässt sich heute leider nicht mehr feststellen.

Während der Evakuierung, bei der Georg mitmachte, wurde Folgendes über den Brückenkopf transportiert:

239.669 Soldaten
16.311 Verwundete
27.456 Zivilisten
115.477 Tonnen Kriegsgut
21.230 Kraftfahrzeuge
74 Panzer
1.815 Geschütze
74.657 Pferde

Die Kämpfe während dieses Rückzugs waren so bemerkenswert, dass Adolf Hitler am 20. September 1943 den Kubanschild als Auszeichnung stiftete, um die kämpfenden Soldaten zu ehren. Voraussetzungen dafür waren Verwundung im Kampf, ununterbrochener Einsatz von sechzig Kampftagen oder die Teilnahme an einer Hauptschlacht.

Maße: 52 x 62 mm Schild, 64 x 77 mm Stoffunterlage
Material: Feinblech / Feinzink
Verliehen von: Generalfeldmarschall Ewald von Kleist
Verliehen an: ca. 55.000 Träger
Tragweise: Auf dem linken Ärmel

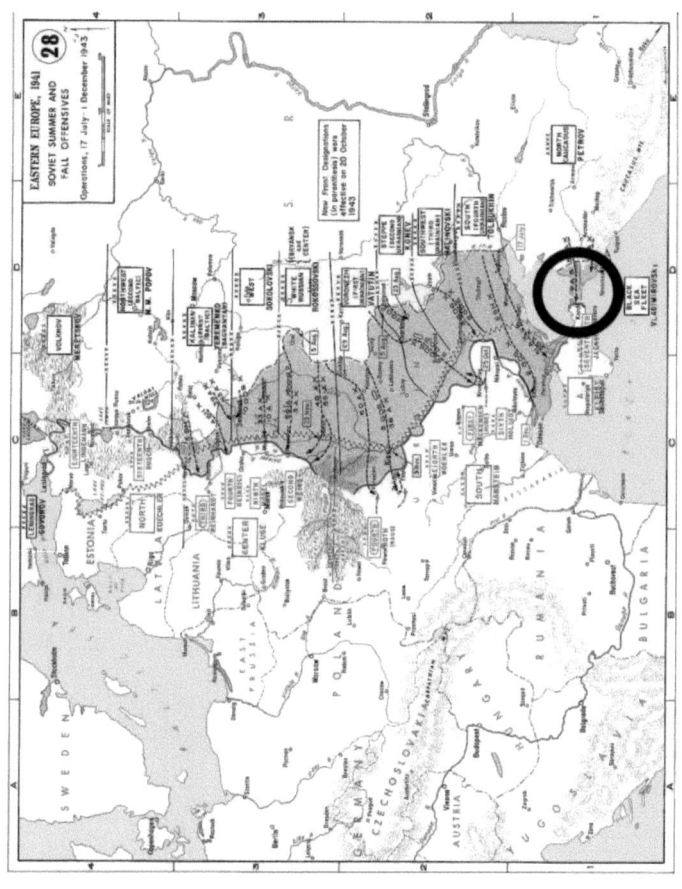

Eingekreist ist der Kuban-Brückenkopf, die südlichste Stelle der Ostfront von 1943.

Georg Hopfer

Nachwort des Herausgebers

Wenn ich mir heute alte Fotos und Filme aus der Zeit des Dritten Reichs ansehe, dann scheint das alles irgendwie unwirklich zu sein. Die Welt ist schwarzweiß, die Menschen wirken steif und altbacken, diese Zeit ist schon lange vorbei. Aber ist sie das wirklich?

Mein eigener Großvater marschierte noch mit in den Reihen der Wehrmacht, aber er starb, bevor ich ihn dazu befragen konnte. Glaubte er an Hitler? Oder war er nur ein Mitläufer, der dazu gezwungen war in der breiten Masse mit zu marschieren? Was dachte er, während er in den Krieg zog, in Gefangenschaft kam, wieder nach Hause durfte? Ich weiß es nicht und ich werde es auch niemals erfahren, denn es gibt meinen Großvater schon lange nicht mehr.

Was es aber noch gibt, sind die Briefe und Schriften vieler anderer Soldaten, die mir diese Welt aus einem Blickwinkel zeigen, wie er sonst kaum noch möglich ist. Diese Briefe nehmen einzelne Schicksale aus der breiten Masse heraus und machen diese Soldaten wieder menschlich. Sie zeigen mir, dass nicht alle nur hirnlose Tötungsmaschinen waren, sondern dass es unter ihnen genauso viele liebens- wie verachtenswerte Menschen gab. Dass sie Nuancen hatten, Charaktereigenschaften und Profil. Und vor allem zeigen mir diese Briefe, dass eine Antwort auf meine Fragen nie einfach zu finden sein wird.

Es gibt an und auch in diesen Briefen nichts, was man verherrlichen könnte. Es war kein edler Kampf gegen eine erdrückende Übermacht, wie es damals propagiert wurde, es war der reine Wahn eines Mannes, der es zusammen mit seinen Vasallen schaffte, eine ganze Generation zu täuschen und in den Abgrund zu führen.

Die Antwort auf all meine Fragen ist also vielschichtig und sie ändert sich mit jedem Brief den ich lese. Aber ich denke, es ist gerade jetzt und genau deswegen besonders wichtig sie zu suchen, denn die letzten Zeitzeugen verlassen uns und die Gefahr ist groß, dass nach deren Verschwinden die Wahrheit verleugnet wird. Schon jetzt werden immer wieder Stimmen laut, die „die echte Wahrheit" fordern! „Rechts" ist wieder auf dem Vormarsch, viele halten sich für so viel aufgeklärter als die Menschen damals. Der Zahn der Zeit nagt an allem und es wird immer leichter für bestimmte Gruppierungen, unbequeme Wahrheiten auszublenden und sich ihre eigene glorreiche Geschichte zu stricken.

Dagegen sollen diese Bücher wirken. Was darin steht, ist die damalige Lebensrealität so rein wie nur möglich, niemand hat daran etwas verändert und ich lasse es auch ganz bewusst unkommentiert. Denn ich glaube, dass jeder Leser seine eigenen Lehren daraus ziehen wird und ich finde das völlig in Ordnung so.

Meine ganz eigene Wahrheit ist jedoch, dass ich meinen Großvater geliebt habe. Denn was auch immer er im Krieg getan haben mag, für mich war er einfach nur „Opa". Ich vergötterte ihn, er war der beste Opa der Welt. Und man kann all diese Menschen nicht nur auf einen Zeitraum von zwölf dunklen Jahren beschränken. Sie alle liebten, lachten und vermissten genau so wie wir; davor, währenddessen und auch noch lange danach. Sie waren damals nicht anders als wir es heute sind, sie waren nicht schwarzweiß, sondern bunt und voller Leben.

Viele dieser Soldaten kehrten nach dem Krieg wieder heim und wurden später unsere Väter und Großväter. Manche erzählten von ihren Erlebnissen, andere schwiegen ein Leben lang. Und auch, wenn ich die Wahrheit über sie niemals ganz werde aufdecken können, so hoffe ich doch, dass ich wenigstens meinen Teil dazu beitragen kann ihre Generation für uns wieder greifbar zu machen.

Stefan Heikens